3大心法，9項觀念，
30天一定學會的超簡單繪畫法

一枝鉛筆就能畫 1

Mark Kistler

馬克・奇斯勒——著　連緯晏——譯

You Can Draw in 30 Days

The Fun, Easy Way to Learn
to Draw in One Month or Less

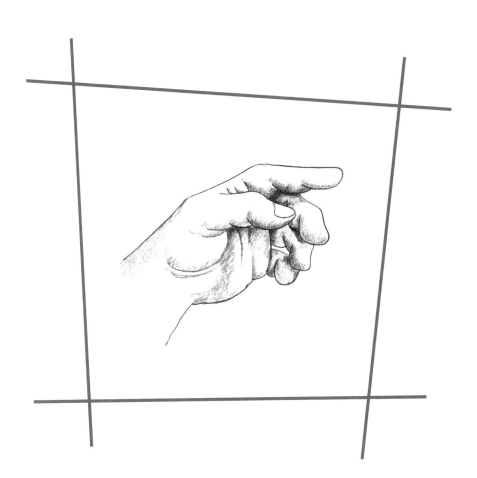

本書謹獻給我親愛的姊妹瑪莉（Mari）

嘿，瑪莉，像我承諾過的，我把你放進書裡啦！

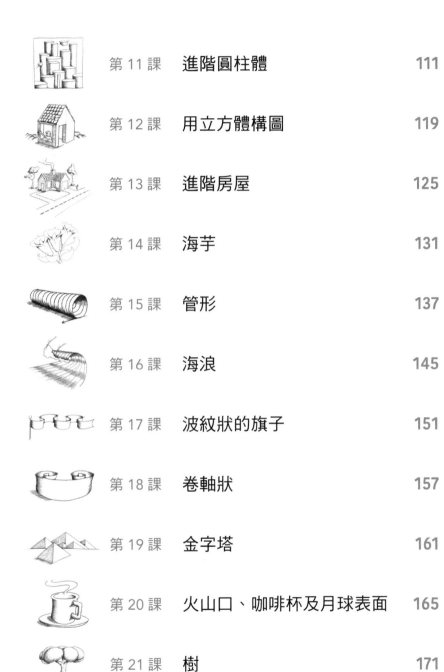

序言

恭喜你！如果你挑選了這本書，你就展開了
一場探索：也許你能真的學會繪畫。

你猜怎麼樣？沒錯！即使你以前很少或沒有
繪畫的經驗，甚至不相信自己有天賦，但倘若你
能找到一些鉛筆，並在三十天裡每天花個二十分
鐘，你就能畫出令人驚嘆的作品。是的，你找到
了正確的老師，而且也找到了正確的書！

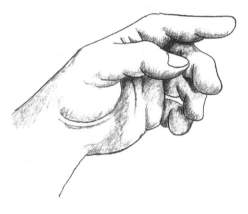

歡迎來到充滿創意可能性的世界。在這本書
中，你將學習到如何創作出寫實的描繪，包括從
相片到風景畫、從你周遭所見的世界到憑空想像
的立體圖像。我明白，你也許抱持著懷疑的心態，
且狐疑地想著，我怎麼敢做出如此聲明。對我來
說，要證明我的教學自信其來有自，最簡單的方
式就是和你們分享我學生的成功故事。

繪畫如同一項技藝

過去的三十年間，我穿梭於國內各地，並且
透過我的電視節目、網站和影片，教導過好幾百
萬人如何繪畫。甚至有許多小孩是看著我在公共
電視台的繪畫課程長大的，他們後來投入插畫、
動畫、時尚設計、工程設計及建築學等領域。有
的學生幫忙設計了國際太空站、美國太空總署的
太空梭及火星探測器，也有學生參與《史瑞克》、
《馬達加斯加》、《鼠國流浪記》、《超人特攻隊》、
《快樂腳》及《蟲蟲危機》等動畫大作的製作。

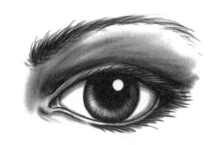

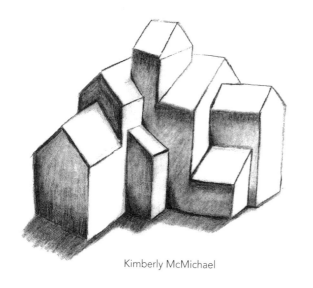

Kimberly McMichael

告訴你一個祕密,那就是無論你的年齡為何,學習就是學習,繪畫就是繪畫,不會因為你的年紀而有所改變。我的教學方式對成人奏效,就像對小孩一樣有效。我會知道這個,是因為我也教過了好幾千個成人,他們都獲得很好的學習成效。

在本書中,我會用簡易明瞭的方式,來介紹精細的概念及複雜的繪圖理論。但是,因為我是個有赤子之心的人,所以我不會捨去任何我認為繪畫應該要有的樂趣。

我是個職業插畫家,但是這些課程單元要教給你的是基本的技巧,讓你能夠畫出任何風格(實景、相片、肖像)或任何媒材(油畫、水彩、粉蠟筆)的立體繪畫。我將會教你如何使用相同的步驟、一致的方法來繪畫,這個方式已經在我所有學生身上獲得了成功的證明。我會專門聚焦於我所謂的**九大繪畫基本法則**(Nine Fundamental Laws of Drawing)上,從基本的形狀、明暗及定位開始,一路到更進階的透視法、相片臨摹及寫生。這些在義大利文藝復興時期被發掘且受到精煉的基本概念,五百多年來賦予了藝術家們描繪立體事物的能力。

我將會教你這些基本概念,一次一詞彙、一次一步驟、一次一線條。我相信每個人都能學會如何繪畫,它是一種學得會的技能,就如同閱讀和書寫一樣。

九大繪畫基本法則能創造出立體的深度感。這些法則分別如下:

1. 前縮透視(foreshortening):扭曲物體,以創造出物體的一部分比其他部分更近的錯覺。

2. 配置(placement):將物體放置在圖畫水平面上較低的位置,讓它顯得更靠近你眼前。

3. 比例(size):將其中一個物體畫得稍大一點,讓它顯得較靠近你眼前。

4. 重疊(overlapping):將一個物體畫在另一個物體前方,創造出前者較近的錯覺。

5. 明暗(shading):將物體背對光源的部分畫深,以創造出深度的空間感。

6. 陰影(shadow):將物體旁邊背對光源的地面畫深,以創造出深度空間感。

7. 輪廓線(contour line):畫出包裹圓形物體形狀的曲線,給予它體積與深度。

8. 視平線(horizon line):畫一條水平的參考線(reference line),以創造出圖畫中的物體遠近不同的錯覺。

9. 密度(density):用較少、較淺的線條,創造出物體處於較遠處的感覺。

若沒有使用這些基本法則中的其一或更多，根本不可能畫出立體的圖像。這九種工具是基本元素，永遠不會改變，總是很實用，而且完全可以靈活運用在不同繪畫上。

除了九大繪畫基本法則之外，還有三個要留意的原則：態度、額外的細節及不斷的練習。我喜歡稱它們為**成功繪畫的 ABC 原則**。

1. **態度**（attitude）：鼓勵自己「我做得到」的正面心態，這對於學習任何技能來說，都是非常重要的一部分。
2. **額外的細節**（bonus details）：在你的繪畫中加入自己獨特的構想及觀察，讓它真實地成為你自己獨特的作品。
3. **不斷的練習**（constant practice）：每天反覆運用任何新學到的技巧，這對成功精通任何技巧來說，是絕對必要的。

沒有練習這三項原則的話，你將無法成為一位藝術家。每一項原則，對培養你的創作力來說，都是重要的。

本書中，我們也將專注在如何將九大繪畫基本法則運用於立體繪畫的四種基本「分子」，也就是繪畫的基石：球體、立方體、圓柱體及圓錐體。

古老的繪畫「元素」……

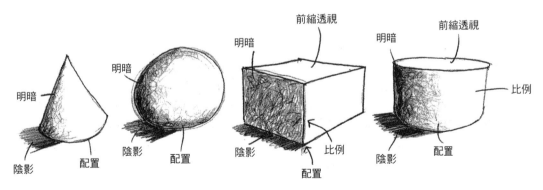

你能學會繪畫

在每堂課程中，我將會介紹新的資訊、詞彙及技巧，但是我也會重覆你之前已學過的定義和運用。事實上，我會經常地一直重覆，直到你會毫無疑問地想：「這傢伙真的很愛一直重複這些內容！」但我也發現這些不斷的重覆、複習與練習會帶來成功，而且它們也能免於你為了尋找詞彙第一次出現的地方，而中斷目前的課程。

在我三十年的教學生涯中，我受過最大的批評是，「你正在教學生如何完全複製你的畫法！原創性在哪？創作性在哪？」我聽了無數次諸如此類的批判，而這些批判，總是來自於從未參與我的書、課堂、網站或公共電視系列課程中的評論家。我對這類評論的回應一直都一樣：「你曾經試著和我一起在課堂上作畫嗎？」「沒有。」「來，拿著這枝鉛筆坐下，而這堂〈玫瑰〉課程，就在這裡，這張桌子開始，為時二十分鐘。二十分鐘後，當你上完了這堂課，我將會回答你那些問題。」大部分評論家會離開，但少數具有冒險精神的人真的坐了下來，並且畫了這堂〈玫瑰〉的課程。當這些正探索概念的人傾向桌面畫著玫瑰時，你幾乎能在他們的頭頂上看見常在插圖或漫畫中出現的「可能性的燈泡」正在發光。

我在此想要表達的重點是，要學會如何繪畫，首先就得要動手去畫。學生必須被鼓舞到真的拿起鉛筆，在空白紙上畫出線條。我遇過許多人被這個想法給嚇壞了。他們認為空白紙就像是個無解的問題，只有具天賦的藝術家才有能力解題。但事實上，用九大繪畫基本法則來學繪畫，將帶給你非常穩固的基礎，那將令你享受繪畫，成為一種創作力及個人想法的抒發。

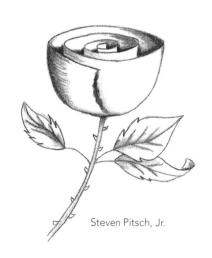

Steven Pitsch, Jr.

我們全部的人，我們每一個人，當我們還是在學步的小孩時，我們都愛畫畫，我們畫在每樣事物上！我們畫在紙上、桌上、窗戶上、布丁裡、花生醬裡……。全部的人都有與生俱來的創作力和自信心。在我們心中，我們的每幅畫作都是傑作。我們的父母親有如此穩固的信心，鼓勵著我們表達看法，「那麼，小馬克，跟我說說關於這幅美好的畫作。」但在這個過程中，大概是介於三年級至六年級時，開始有一些人對我們說，「那看起來不像有龍在上方飛翔的城堡呀！那看起來就像一堆屎。」（或是一些其他負面的評論。）

慢慢地經過了一段時間後，累積的負面評價侵蝕了我們對於藝術創作的自信，直到我們開始相信自己沒有繪畫或創造的天分。

如今藉著這本書，我將向你證明，你能學會如何繪畫：

1. 激勵你再次拿起鉛筆。
2. 與你分享速成的方式，來繪畫簡單的立體圖像。讓你一開始畫出來的圖，看起來就像是立體的。
3. 一點一點、逐步介紹繪畫背後的科學，讓你經歷一堂又一堂成功的課程，重新喚醒你對藝術沉睡已久的自信。

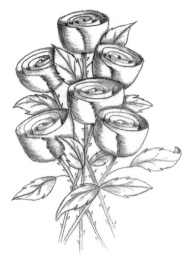

Steven Pitsch, Jr.

現在，回到評論家提出的質疑，「複製和我一模一樣的畫，創造力在哪裡？」我有時回答，「你曾在一年級時描著字母練習本的虛線複寫字母嗎？」當然，我們大家都有。我們從而學會如何自信地寫出我們的名字。然後我們學習如何寫單字，以及如何把它們放在一起，組成一個句子：「See Mark run!」（看見馬克奔跑！）然後我們把句子結合在一起，組成一個段落，最後，我們連結了段落，創造出故事。

在學習溝通技巧中，邏輯的發展模式是簡單的。我將這相同的模式運用在繪畫，以及視覺性的溝通技巧上。你從未聽任何人說過他們不會寫信、寫食譜或是寫下「在星巴克見」的紙條，只因為他們沒有寫字的天分——這聽起來很愚蠢。我們都知道，我們不需要天分來學習如何寫出溝通字句。

我運用了這相同的邏輯來學習如何繪畫。這本書不是在講如何畫出放在博物館中的巨作，抑或是栩栩如生的《史瑞克》續集。但這本書將會帶給你基礎，讓你能夠畫出腦海中的畫面、你一直想要素描的相片，也可以畫出給朋友的路線圖、報告需要的圖案或圖表，更可以在開會時在白板上畫出圖像，而不必略帶抱歉且自嘲地說：「抱歉，這看起來很糟，我向來不太會畫畫。」

讓我們再來回溯一下你的過往記憶。在高中或大專院校的美術課裡，老師放了一堆東西在靜物桌上，並對你們說：「畫出這些東西，你們有三十分鐘。」就這樣！沒有任何說明，沒有任何指南，除了可能有一些含糊的解釋，比如如何看見那堆東西周圍的負空間。所以，你勇敢地去做了，你嘔心瀝血地去畫，並且任由美術老師寫下充滿美好支持與鼓勵的評語：「很大的成就！做得好！我們會再多做個一百次，然後你就能辦到了。」你看見你所付出的努力，所得到的結論正從紙上怒視著你：「它看起來，就像是一堆亂塗鴉的東西。」

我記得那位在練習靜物畫期間永無止盡地惹毛我的大專美術老師。我會不斷地和坐在我這排的左右鄰座同學聊天。「你知道嗎，」我會悄聲地說，「如果你將蘋果畫在畫紙上較低的位置，而把香蕉畫在高一點的位置，就會讓蘋果看起來離你比較近，就跟在靜物桌上看起來一樣。」

教學界中相當流行的「101 個繪畫方法」（Drawing 101），迫使學生歷經一連串冗長的試錯過程，才能弄懂如何畫畫。這套方法要回溯至 1938 年，一本由基蒙・尼克萊德斯（Kimon Nicolaïdes）所寫的卓越書籍《自然繪畫方式》（The Natural Way to Draw）。書中，他陳述：「……你愈早犯下五千個錯誤，你就能愈快地學會如何更正它們。」對我來說，這種方法是沒有道理的。我完全尊敬這本淵博的書，它是教導美術學生如何繪畫的經典書籍……但是，為什麼呢？我問。當我能在短短二十分鐘的時間裡，讓他們看見如何成功時，為什麼要用失敗五千次這種令人氣餒的任務來讓學生沮喪？何不在學習繪畫的同時，增進他們的技巧、自信及興趣？

本書中的三十天學習法，將會增進你的成功，激勵你練習，建立你的自信心，並滋養你畢生對於繪畫的興趣。

我極力邀請你和我一起展開一場創作力的小冒險，給我三十天的時間，我將交給你解開存在於你體內繪畫天分的鑰匙。

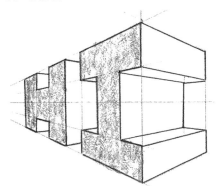

Michael Lane

你所需要的物品

1. 這本書。

2. 一本螺旋裝訂的素描本，或一本至少有五十頁空白紙張的空白日誌。

3. 一枝鉛筆（目前就拿一枝隨手可及的鉛筆即可）。

4. 一個「繪畫袋」，用來裝你的素描本及鉛筆（任何形式的袋子都可以：環保購物袋、後背書包、手提書包。不論何時，你要能很容易地迅速拎起你的繪畫袋，用你空閒的幾分鐘來畫一些圖畫）。

5. 一整天的行事曆或日曆（這大概是這份清單中最重要的一項）。你將需要策劃，挪出每天放下手邊工作的二十分鐘，和我一起繪畫。若你今天、現在就開始規劃，你就能貫徹我們的三十天計畫。

步驟一

拿出你的計畫表和鉛筆——讓我們開始安排第一週的繪畫時間。

我知道你每天都極度忙碌，所以我們來發揮一下創意。試想在你手中的鉛筆是個鋼製的鑿子，而你正要在七天裡的每一天切出一塊二十分鐘。若這樣有難度，那就試著切成二塊，各十分鐘。原則上，在這些時間，你將會在你的辦公桌、你的廚房料理台，或是一些寧靜的桌子座位區。我的目標是讓你對我作出為期一週的保證。我知道，只要你完成了第一個七天（七堂課程），你就會完全著迷——享受立即的成功是個強大的動力。

假如你能在一星期裡每天繪畫，你將會成功地以一個月的時間讀完這本書。但是，如果要以從容的方式，花更多時間在每一課的步驟和額外挑戰題，只在一週內完成幾堂課，也是完全沒問題的。曾經有一些學生固定在一週完成一堂課，卻也能畫出令人驚嘆的作品。這完全是看你自己。關鍵在於：不要放棄。

步驟二

開始畫吧！帶著你的繪畫袋在桌前坐下。好好地做個深呼吸，微笑（這些課真的會很好玩的），打開你的袋子，開始囉！

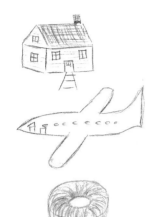

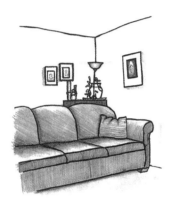

蜜雪兒先前的素描

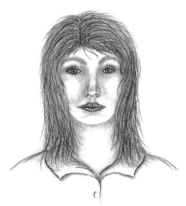

蜜雪兒後來的素描

自我測試

好了，我已經充分說明了我的教學哲理及方法，讓我們拿起鉛筆，開始在紙上繪畫。

我們先做個測試暖身，這樣你之後就會有一個可供對照的參考。

我要你替我畫一些圖像。把這些當成是暖身的亂塗鴉即可。放輕鬆。你是唯一會看見這些畫的人。之所以要你畫這些圖像，是為了讓你目前的程度基準有個依據，能與三十天後你所達到的程度做個比較。即使你真的很想跳過這個部分（因為沒人會知道！），但就請你當作是遷就我，娛樂你自己，畫下這些圖吧！三十天後，你會很慶幸你現在有這麼做。

翻開你的素描本。在第一頁的最上方寫上「三十天計畫的第一天：預備測試」，並寫上今天的日期及你所在的地點（在每一課開始時重覆寫下這些資料，並且標上第幾課及課程名稱）。

現在，請用兩分鐘的時間，畫一間房子。就憑你的想像，不要看任何圖片。再來，用兩分鐘畫一架飛機。最後，再花兩分鐘畫一個貝果麵包。

我相信你並未因此而備感壓力。有點好玩吧？我想要你在素描本中繼續這些暖身活動。你將能在稍後完成較進階的課程時，與這些暖身活動所畫的圖做比較。你會對你大幅的進步感到驚嘆不已。

左圖是蜜雪兒（Michele Proos）在素描本中為暖身活動所完成的畫。蜜雪兒一直想學繪畫，但她從來沒有去學。她為她的孩子報名了我其中一堂位於密西根州波蒂奇市（Portage）的親子藝術工作坊課程。就如同大部分的家長一樣，她與她的孩子們同坐一起，並參與課程。蜜雪兒很高興地參加了這三十天的課程，也很樂意與你分享她素描本中的頁面。請記得，當初她來到我的第一堂工作坊課程時，她深信自己連一條筆直的線都畫不出來，而且認定自

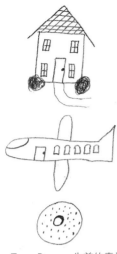

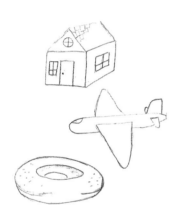

Tracy Powers 先前的素描

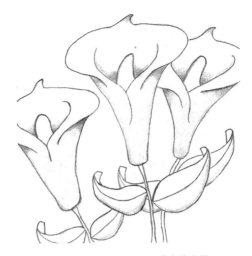

Tracy Powers 後來的素描

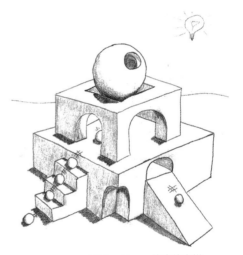

Michael Lane 先前的素描

Michael Lane 後來的素描

己毫無藝術天分可言。雖然她與她的孩子們一同坐在課堂中，但她非常不願意參與。

在我遇見她之後，我知道她是這本書所希望觸及的成年讀者的典型代表：一個認為自己不會畫畫，並且認為自己完全沒有天分的人。

我對她解釋了這本書的計畫，並邀請她成為我此次實驗的學生。事實上，當我向她解釋這本新書的計畫時，其他無意間聽見的家長也都表明想要參加！有位七十二歲非常熱心的爺爺，對於自己在短短四十五分鐘的工作坊中學到的一切印象深刻，所以也自願成為我這實驗的學生之一。

我將分享許多父母、祖父母，以及其他與我們一起完成這三十天課程的學生的素描本內頁。我的學生遍布整個美國，從密西根州到新墨西哥州，含括了各個年齡層，職業別從資訊科技顧問、專業美髮師到企業老闆及學院院長都有。他們證明了無論背景和經驗為何，任何人都能學會繪畫。

　　繪畫技巧驚人的躍進式進步是常態，而非例外。你能夠也將會體驗到類似的結果。本書前幾頁的眼睛、玫瑰及人臉的圖案，也都是蜜雪兒所畫的。

　　讓我再多說幾句：身為一個老師，我忍不住要炫耀我學生的作品。我就是這麼愛分享我的學生在繪畫技巧上極大的進展，以及他們對創作的信心。

　　你被激勵到了嗎？你雀躍嗎？我們開始吧！

球體

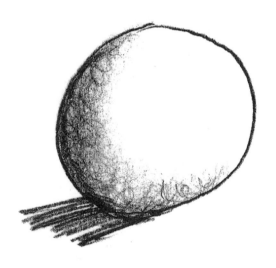

要學會如何繪畫，其中很大的部分，是要學習控制你畫面中的光。在這一課中，你將學習如何確認光源處，以及該在圖中物體的哪個位置畫上陰影。讓我們來畫一個立體的球體吧。

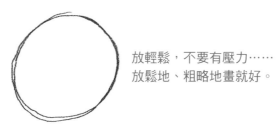

1. 先畫一個圓形。如果你的圓看起來像蛋，或是像一小團壓扁的形狀，也不要覺得有壓力。只要拿起鉛筆，在紙上畫出一個圓形即可。如果你想要，你可以用咖啡杯的底部描線，或是從你的口袋裡摸出一枚硬幣來描出形狀。

放輕鬆，不要有壓力……
放鬆地、粗略地畫就好。

2. 決定你想要將你的光源放在哪裡。（等等，什麼是光源？要怎麼決定該把光源放在哪裡？我已經感覺快崩潰了，哇啊！）——別拿起你的素描本往房間扔，先繼續讀下去。

要畫出一幅立體的圖畫，你必須先找出光從哪個方向來，它又是如何打在你所畫的物體上。然後在背光的地方增添明暗（也就是畫上陰影）。

試看看這個：握住你的鉛筆，將它騰空停留在紙張上方，距離大約 2.5 公分的位置，同時注意它所形成的陰影。假如房間內的光線在鉛筆的正上方，那麼，陰影將會出現在你的鉛筆的正下方。但是，如果光線是從鉛筆的某個角度照下來的，紙上的陰影則會出現在光線延伸的另一頭。這是大家都知道的常識，但是在繪畫裡，要特別小心光線是從哪裡來、

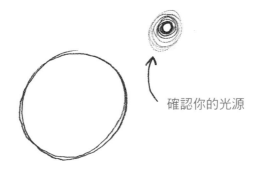

確認你的光源

往哪裡去，這是相當重要的：它能賦予圖畫生命力。花個幾分鐘，把玩一下你的鉛筆及它所造成的陰影，上上下下地到處移動它。將鉛筆的一端放置在你的紙上，並且記住陰影與鉛筆相連的樣子，這種陰影也比鉛筆騰空時還更細、更深。這種陰影稱作**投射陰影**（cast shadow）。

　　在這一課，請在球體右上方放置單一光源，就像我在前頁畫的一樣。在你的素描本上繼續畫出一些太陽的光暈。

3. 就如同你的鉛筆在桌上所造成的投射陰影，我們正在畫的球體，將會投射一個緊鄰著它底部表面的陰影。投射陰影是一個很棒的錨，它能幫助你所畫的物體安穩地落在圖畫裡的地面上。看一下我如何畫下球體另一邊的投射陰影。現在，請在你的素描本裡，畫下一個球體在背對光源處的投射陰影。假如你認為它看起來稀薄、骯髒，又像是亂塗的，那也沒有關係。這些畫只是為了技巧的練習，給你自己看的而已。

　　只要記得這兩個重點：設置你的光源，並且在背對光源處與物體相鄰的地面上描繪出陰影。

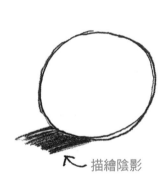

↖ 描繪陰影

嘿！你看！
它看起來開始變得立體了！
這很容易，不是嗎！

4. 在球體上背對光源的地方亂塗一些陰影。塗到超過輪廓線也無所謂──不需要擔心畫得完不完美。

　　注意我如何在離光源較近的地方，將明暗弧線塗得較淺。這種畫法稱為**調和明暗**（blended shading）。它是個很好的技法，可以讓你學到如何創作出立體繪畫從紙面上躍出的錯覺。

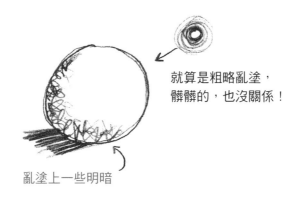

就算是粗略亂塗，
髒髒的，也沒關係！

亂塗上一些明暗

5. 用你的手指混合、弄糊你的明暗，就如同我在這裡做的一樣。你看看：你的手指頭，實際上也像美術工具中的畫筆呢！效果還不賴，不是嗎？假使你超出了輪廓線也別苦惱。

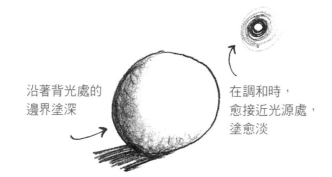

沿著背光處的
邊界塗深

在調和時，
愈接近光源處，
塗愈淡

稀稀鬆鬆粗略地塗
假使你超出了輪廓線也別苦惱
事實上，我還要請你確保你自己
有畫出輪廓線呢！
為何不呢！放手畫吧！

瞧！恭喜你！你已將一個亂塗的圓形，轉變成一個立體的球體了。這不是很容易嗎？以下是我們目前所學的：

- 畫一個物體。
- 確認光源處。
- 陰影處。

真是易如反掌。

第 1 課：額外挑戰題

本書有一個很重要的目的，就是教你如何將這些課程中所學的，運用到真實事物的描繪上。在往後的課程中，我們將會運用你在立體球體這一課所學會的概念，來畫出你透過雙眼在周遭所見的有趣及好玩的事物。無論你是想畫出放置在桌上一碗色彩豐富的水果，還是以實體真人或透過照片來速寫家庭成員，你都有辦法畫得出來。

我們先畫一樣水果，來做個開頭 —— 蘋果。在接下來的課程中，我們將會處理更多具有挑戰性的事物，像是建築物或人。

仔細看一下這張光源處位於右方低點的蘋果照片。

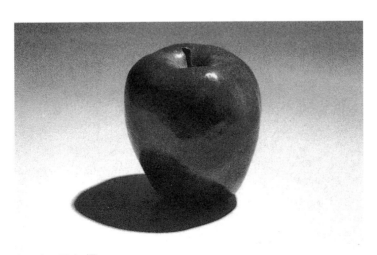

Jonathan Little 攝

學生範例

參考一下跟你一樣的人們所作的畫！

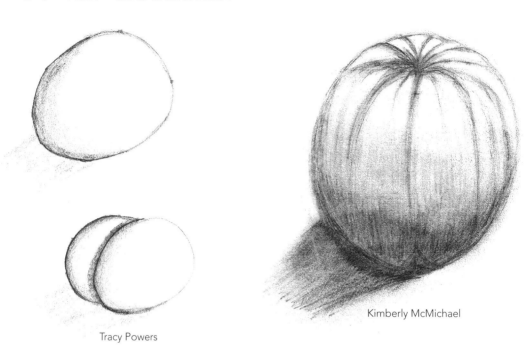

Kimberly McMichael

Tracy Powers

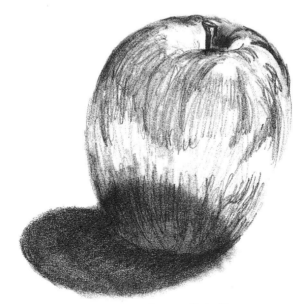

Suzanne Kozloski

重疊

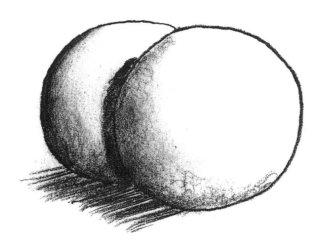

你已經完成了第一課！做得好！現在，讓我們運用畫球體的技巧，到處畫球狀物。

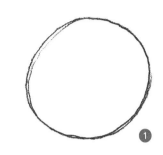

①

重疊

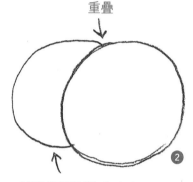

②

將這個圓形移向高處一點，只要一點點就好。這就是配置。

1. 若還有空間，就畫在素描本的同一頁上。畫一個圓形。

2. 在第一個圓形後方畫出第二個圓形。怎麼畫？當你要畫第二個圓時，你會運用到三項新的繪畫法則。一次三個？不用害怕，我們一次學一個概念，不過閱讀它們會比實際運用還要費時。參考一下左圖的範例。我將第二個球體畫得比第一個球體略小一點，也把它畫在紙上稍微高一點的位置，並且部分藏在第一個球體的後方。要這麼做，必須使用三項法則：比例、配置及重疊。

比例：將物體畫大一點，是為了使它看起來較近；將它畫小一點，是為了使它看起來較遠。
配置：將物體畫在紙張表面上較低處，使它看起來較近；將它畫在紙面上高一點的位置，使它看起來較遠。
重疊：將一樣物體畫在其他物體的前方，或讓物體的一部分擋住其他物體，使它看起來較近；反之，將它畫在其他物體的後方，就會使它看起來較遠。

光源處

3. 確認你的假想光源將設置在哪裡。想要畫得更寫實的話，這可能就是最重要的步驟。若沒有一個確認的光源，你的畫將不會有一致性的陰影。若沒有一致性的陰影，你的畫將不會呈現突出或立體的視覺感。

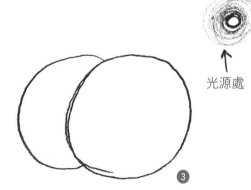

③

4. 請牢記你的光源位置，畫出投射陰影。記得，它是在另一邊，在地面上背對光源的地方。你不需要用尺來確定精準的角度，現在先用肉眼觀察就好。就像我之前說的，一個好而穩固的投射陰影，會讓你所畫的物體固定在你的紙面上。請記得，假如你在閱讀我的解說時感到有點困惑，只要看看我所畫的範例，並跟著描摹一次就好。有點耐心——所有的資訊都會在這整本書中一再重複。

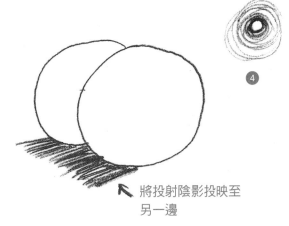

將投射陰影投映至
另一邊

5. 要使畫面中的物體之間有所區隔，你要在兩個球體之間畫出深邃的陰影界線（我稱之為「隱蔽處與縫隙的陰影」）。這會幫助你辨識兩個物體各自的深度。注意看我是怎麼將隱蔽處和縫隙的陰影畫到後方球體上的，這些陰影總是出現在近處事物的下方或後方。舉個例子，將你的雙手放在你面前的桌上，彼此交扣。看看讓每根手指、指節的輪廓顯現出來的隱蔽處和縫隙的陰影。在你的素描本中寫下：隱蔽處與縫隙陰影——幫助你區隔、定義、判斷畫作中的物體。

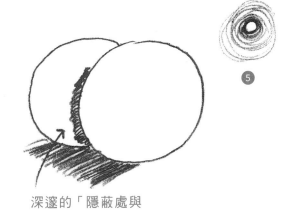

深邃的「隱蔽處與
縫隙的陰影」！

6. 鬆鬆地握著你的鉛筆，在二個球體上都塗上第一層明暗。在背對光源的球體表面上畫上陰影。當我在畫明暗的時候，我會將這個過程分成好幾個關卡。現在是我們第一個較粗略的關卡。你可以看到我畫在右圖的明暗線條都往背對光源的方向延伸，彼此平行。但你畫的線條可以不用平行，只要畫在背光處，在陰影區域隨意亂塗就可以了。

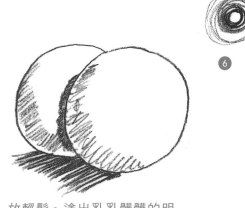

放輕鬆。塗出亂亂髒髒的明
暗也沒關係！

7. 在球體上畫上第二層更深、更集中的明暗。細部修飾非常暗的邊界處，當表面愈來愈接近你所設置的光源處時，就將這層明暗愈畫愈淡。看看我下圖的素描，並留意我在較靠近的那個球體上，指出的最亮點的位置。我稱它為熱點（hot spot），熱點是物體上最明亮、光源最直接照射的區域。當你運用明暗時，決定圖畫中的熱點區域是非常重要的。

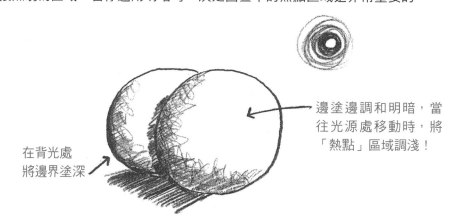

邊塗邊調和明暗，當往光源處移動時，將「熱點」區域調淺！

在背光處將邊界塗深

8. 在球體上繼續多畫幾層調和明暗吧。現在來到好玩的部分了！用你的手指頭，小心地由深到淺調和明暗，試著讓熱點區域保持乾淨潔白。別擔心將明暗塗到輪廓線外，或塗進了熱點區域。如果你想的話，你也能用橡皮擦來擦除多餘的線條及塗污處。

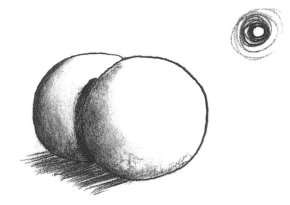

用你的手指頭，
由深到淺地調和明暗！

　　了不起的成就！看看你美麗的立體描繪！這是一幅適合放在任何人家中冰箱上的傑作。你能很驕傲地在你的冰箱上展示這件很棒的作品，或放在小孩的畫作旁邊。如果你沒有小孩，還是要將這幅畫放在你的冰箱上。你將會享受每次經過廚房時看見它，更別說是從朋友口中聽見「噢！」和「哇！」的驚嘆了！

看一下我其中一個學生蘇珊娜（Suzanne Kozloski）的繪畫，看看她如何將這一課的所學運用在現實生活中。

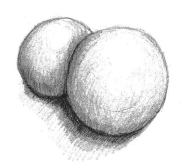

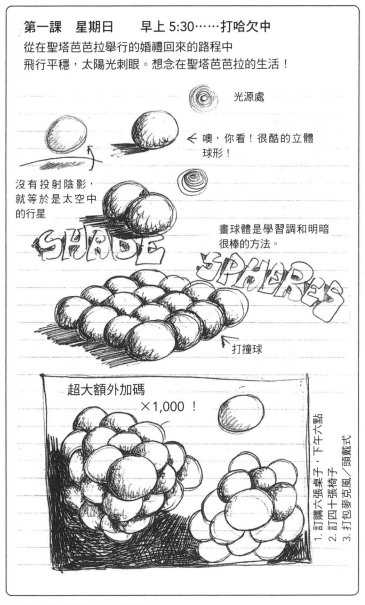

第一課　星期日　早上 5:30……打哈欠中

從在聖塔芭芭拉舉行的婚禮回來的路程中
飛行平穩，太陽光刺眼。想念在聖塔芭芭拉的生活！

光源處

←噢，你看！很酷的立體球形！

沒有投射陰影，就等於是太空中的行星

畫球體是學習調和明暗很棒的方法。

SHADE
SPHERES

打撞球

超大額外加碼
×1,000！

1. 訂購六張桌子、下午六點
2. 訂四十張椅子
3. 打包麥克風／頭戴式

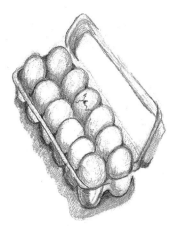

Suzanne Kozloski

這是我畫第二堂課時的素描本內頁。

第 2 課：額外挑戰題

現在你已經成功克服如何畫球體了，試著放置兩個網球在你前方的桌子上，重疊它們。畫下你所看見的。確定你注意到了物體的配置、陰影及明暗。

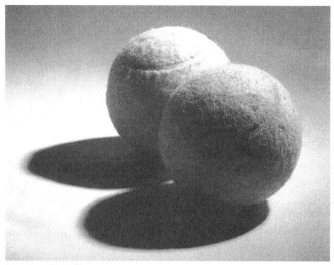

Jonathan Little 攝

學生範例

這是蘇珊娜在這個額外挑戰題中所繪出的圖。

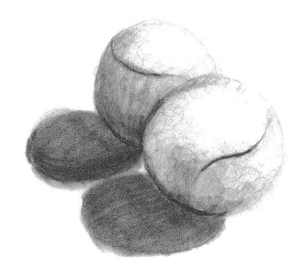

進階球體

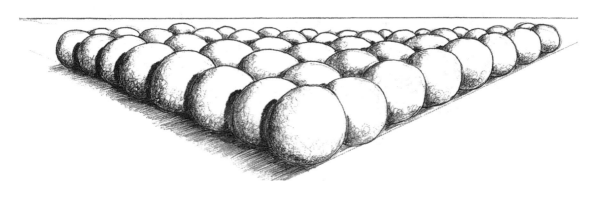

現在你開始迷上了繪畫嗎？想想看，這只是第三課而已喔！

試著想像當你到第三十課時，你將會得到多少樂趣！你想要再更進一步延伸課程的內容嗎？接下來這堂繪畫課將會花費你較長的時間，一定是整整二十分鐘，但若是你有時間，你也許會輕易地就花了一個小時，或甚至更多時間。

在你著手於這一個挑戰之前，我建議你購買一些真的很好用的繪畫工具。你有注意到為何等到現在我才提起這些額外的花費嗎？這是我有點狡猾的小技倆，在給你一張建議購買額外繪畫用品的清單之前，先讓你心滿意足地得到一些很棒的成果。這些用品完全可以自由選購；你也可以用任何普通的鉛筆、任何一張隨手可得的紙繼續畫圖，也可以只用手指頭當成調和明暗的工具。

建議購買的產品

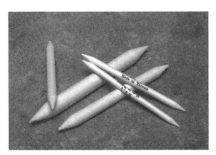

專業的調和明暗濃度紙筆（3 號尺寸）

紙筆是用來調和明暗濃度的完美工具（代替你的手指頭）。這些紙筆超好玩的！你可以在美術用品社找到它們。想看我在教學影片中如何使用這些紙筆，可連結到我的網址：http://markkistler.com，然後點選「Online Learning」的選項。

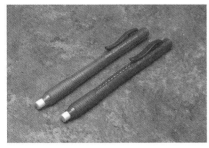

按壓式橡皮擦（Pentel 飛龍牌）

這些在你當地的辦公文具用品店及網路上都很容易找到。這些是很棒的橡皮擦工具。它們看起來就像自動鉛筆，只要按壓它，橡皮擦就會跑出來以便使用。

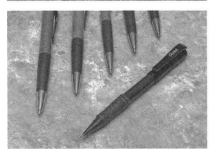

Jonathan Little 攝

0.7mm 的自動鉛筆及 HB 筆芯（Pentel 飛龍牌）

市面上有數以百計的自動鉛筆，而我試過了絕大部分。這個飛龍牌 0.7mm 筆頭的自動鉛筆，是截至目前我最喜愛的繪畫工具。它很容易操控及調整筆芯長度，並且很適合用來作畫。去試試看各種廠牌各種形式的鉛筆，好判斷哪一個是你「感覺」對了的那一種。

你知道嗎？只要一點點額外的物品在你的繪畫袋裡，你就能增加自己享受課程的指數。現在已經充分說明產品和工具了，讓我們回到創作上。

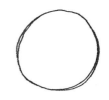

1. 看一下本章節開頭的圖畫。看起來很有趣，對吧。看起來很複雜？看起來似乎很困難？才不呢！一次畫一個圓形就會很容易。它就像是在建造一個用樂高積木組起來的高塔，一次用一個小小凹凸的積木來建構它。現在，畫下第一個圓形來作為開頭吧。

2. 在第一個圓形後面畫另一個圓形。將它往上推一點點（運用配置法則）。將它藏在第一個圓形的後面（重疊法則）。將它畫得稍微小一點（比例法則）。是的，這些技巧你已經都做過了。這些冗長的重覆非常重要，是刻意安排在這三十堂課程的計畫策略中的。

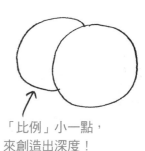

「比例」小一點，來創造出深度！

3. 在第一個圓形的右後方，再畫下另一個圓形。將它往上推一點點，將它藏在後面，並且要把它畫得比第一個圓形還要稍微小一些。

在這裡使用「配置」法則，來創造出更多深度！

4. 朝第三排的圓形邁進。你將會發覺當你在畫面上從前方的球體移動到後方時，這一排的圓形絕對變得比較小，而且位於更高的位置。當你將物體畫得較小，來創造它在畫面中位於較深處的錯覺時，你已成功地使用九大繪畫基本法則中的比例法則。當你在畫球體的下一排時，你必須將它們畫得比前一排的球體還要稍微小一些。比例是一項用來營造深度視覺效果強而有力的技法。

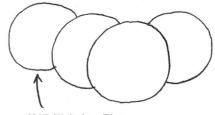

將這個畫高一點！常常運用配置法。

這些中間的球體很容易畫！

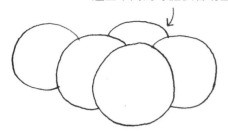

5. 用僅有上半部、朝前方窺視的球體來填滿遠處的空隙。切記，形狀愈小就表示位於愈深處。這也是重疊法則在運用上很棒的範例。靠著畫一個只能從後方窺視前方的圓弧線條，你已經有效地創造出了立體的錯覺，而且你甚至都還沒開始加上陰影、明暗或是調和明暗。重疊是個超棒、超有用的技法，值得你去了解它。

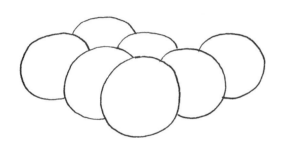

6. 將最後的球體畫得小一點、高一點，並將它們畫在後方，完成第三排。學習如何畫出立體繪畫，絕大部分是靠著不斷的重覆及練習。我相信你之後將會發現，這種重覆畫球體的方式很有益，而且很好玩、很輕鬆。

7. 畫第四和第五排的球體。將每一排的球體在圖畫中利用比例、配置及重疊法則，將它們推向更深處。我們甚至還沒開始在畫面上塗上陰影，它就已經開始呈現快從紙上跳躍出來的立體感了。

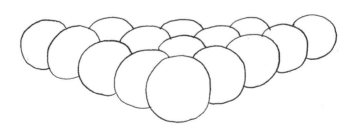

8. 放手去做吧，瘋狂一點、狂野一點，畫下第六、第七排，向後畫到你素描本的最深處。比例法則真的在這些較遠的後排球體中發揮了作用。即使這些球體在你的想像中是相同的尺寸，我們已成功地創造出它們正向後退，像是日落般的視覺效果。

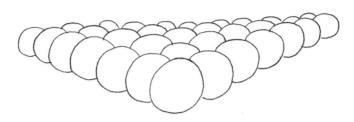

9. 我本來打算畫二十排的球體，真的想讓你對此感到佩服。不過，我畫到了第九排的球體時，就看不見後方的球了。真是視覺上的享受啊，這堆球體看起來已經非常立體 —— 但我們甚至還沒有決定光源的位置呢。你可以看到這些繪畫法則多有力量：光是比例、配置和重疊，就創造了如此有效的深度感。

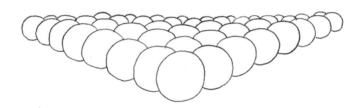

10. 最後，我們要決定光源的位置。為了一致性，我們將光源放在右上方的位置。你也可以自行改變光源位置，試試看把光源放在這堆球體上方或左上方的效果。如果你想來點具挑戰性的，試著把光源放在球堆裡面，讓其中一顆球體發出熱烈的光。我們在之後的課程會試著改變光源的位置。繼續畫，在左邊背光的地面上畫下投射陰影。現在，在球體後方畫下水平的參考線。這條線稱作視平線。視平線能幫助你在繪畫中創造出深度的空間感。

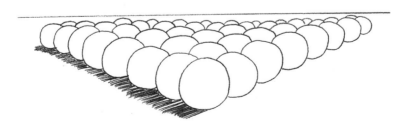

11. 現在到了我最喜歡的一個步驟：畫隱蔽處與縫隙的階段。用力地使用你的鉛筆，加深隱蔽處及縫隙的暗度。注意那立即可感受到的視覺衝擊。哇！隱蔽處與縫隙的陰影，又再一次完美地展現了它們的魔法。

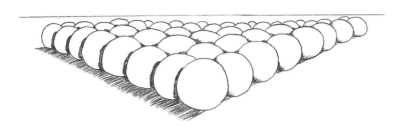

12. 繼續畫上你的明暗，先在所有物體上塗上一層，距離光源愈近的邊界處就塗得愈淡。

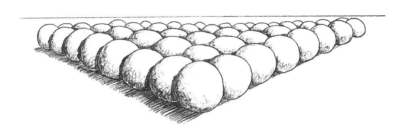

13. 再多塗上幾層明暗。每層明暗在距離光源處愈遠的邊界處就塗得愈深，當你愈接近光源處，就塗得愈淡、愈薄。用你的手指頭調和明暗。小心地將明暗從深的陰影區域調和至熱點處，當你這麼做時，手指頭的力道要愈來愈輕。擦掉多餘的鉛筆線條。用你的橡皮擦輕輕地點在熱點上，橡皮擦輕點過的地方將成為一個非常明顯、讓人容易識別的熱點。

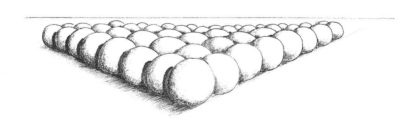

在第三課裡，你已經學會了很多：

● 將物體畫大一點，使它看起來較近。
● 將物體畫小一點，使它看起來較遠。
● 將物體畫在另一個物體的前方，使它們看起來具有立體的視覺衝擊。
● 將物體在畫面中畫高一點，使它看起來在遠處。
● 將物體在畫面中畫低一點，使它看起來較近。
● 在物體背對光源的地方畫上陰影。
● 在整個物體上，由深到淺地調和明暗。

第 3 課：額外挑戰題

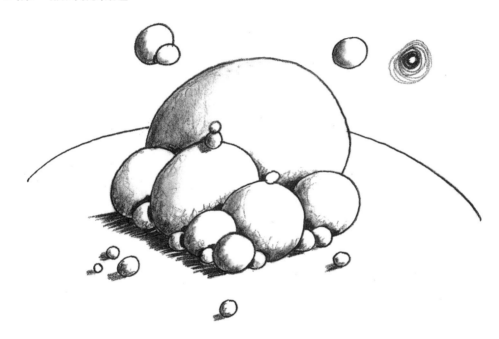

看一下這幅畫。

哇喔！我大概違反了到目前為止，在每堂課程中的規則了！最大的球體是在最遠處！最小的球體則是在最近的位置。

這太令人抓狂了！你在之前幾課所學的每件事，都被拋到九霄雲外了嗎？當然不是。我創造出這幅畫，是為了要特別闡明一些繪畫基本法則，說明它們是如何比其他的法則更能有效地掌握住視覺上的感受。

每一個繪畫法則，都有各種比其他法則還要更強而有力的部分。假如你畫一個較小的物體在任何其他物體、甚至是和木星一樣大的行星前方，重疊法則還是很有力量，因此前方較小的物體還是會顯得比較近。有些繪畫法則會比其他法則更具有帶來視覺錯覺的力量，取決於你怎麼運用。

看看前一頁的畫。雖然位於最遠、最深處的球體是最大的，但較小的球體重疊在它前方了，因此它勝過了比例法則的力量，顯得比較近。重疊法則一直是相較比例法則還要有效力的。再看一次那幅繪圖。你會看見最接近的球體被畫得最小，基本上它應該要出現在最遠的地方。然而，因為它是孤立的，而且位在紙面上最低處，因此看起來是最近的。簡而言之，配置法則的效力勝過比例及重疊法則。

我並沒有要你記熟這些不同的視覺效果。在你練習繪畫技巧的同時，你自然會掌握這些法則中好玩而奇特的難題。

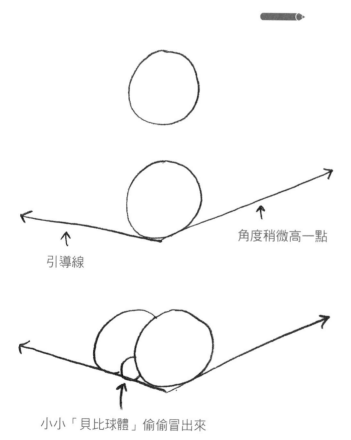

引導線

角度稍微高一點

小小「貝比球體」偷偷冒出來

1. 先畫一個圓形。

2. 畫出往左及往右發射的兩條引導線（guide line）。這些引導線將幫助你放置向後延伸的一堆球體。我們在接下來的課程裡會很常用到引導線。將這些引導線畫得稍微高一點，不要太陡。

3. 利用你的引導線，在第一個球體後方再放置幾顆球。畫一個偷偷冒出來的極小球體，如同我在左圖畫的一樣。注意我是如何用引導線來放置球體的。

4. 繼續將你的引導線當成參考線，並畫下更多不同大小的球體。注意一下引導線是如何幫助你將球體配置在較高的適當位置的（運用配置法則）。

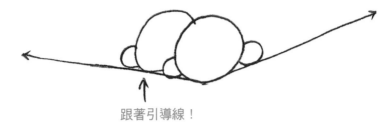

跟著引導線！

5. 在球堆中增添幾個大的「媽媽球體」。重疊法則在此是有力的原則；即使一些球體非常小，它們在視覺上仍然勝過其他較大的球體。重疊法則的效用勝過了比例法則！

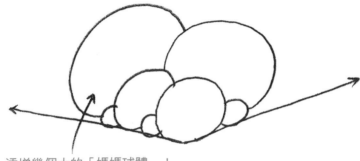

添增幾個大的「媽媽球體」！

6. 由於這幅畫純粹是要讓你自得其樂而已，所以，去多疊幾個球形在頂部吧。

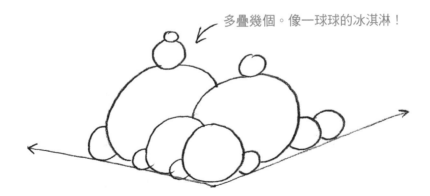

多疊幾個。像一球球的冰淇淋！

7. 一些球體從本來的一堆球中滾了出來，尋求較不擁擠也較不阻塞的生活。勇敢獨立的球體正在建立它們第一個位於鄉村的據點。

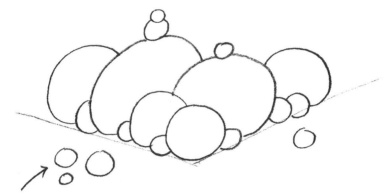

幾個勇敢的球體從眾多的
球體中逃了出來！

8. 放置一個所有球體之中（當然，不包括作為地面的巨大木星尺寸球體）最大的球體在最後。現在來到了新的繪畫階段：視平線。畫一條視平線能替你的視野創造有效的參考線，建立出物體不是在地面上，就是浮在空中的錯覺。我通常會在物體後方畫一條非常筆直的線，當成視平線。在這張圖裡，我想創造出行星的感覺，所以我將它畫得稍微呈圓弧狀。看起來很酷吧？

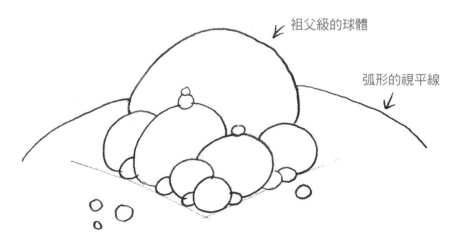

祖父級的球體

弧形的視平線

9. 多畫幾個在這堆球體上方依軌道運行的行星。盡可能將這個「加料」的構想,發揮得愈淋漓盡致愈好。繼續畫出一整排共三十七顆行星,讓它們在天空中往下方視平線的方向重疊。

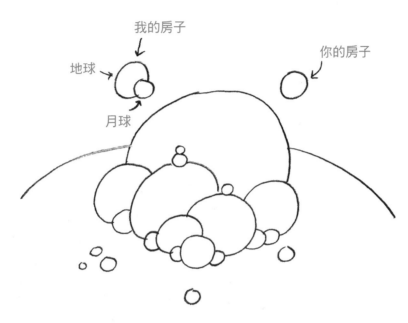

地球
我的房子
你的房子
月球

10. 確認你的光源處,並開始在背對光源的地方加上投射陰影。為了一致性,我將會把光源保持在右上方。

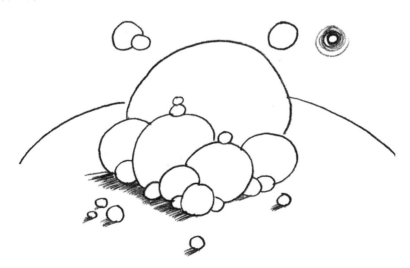

11. 在這個描繪隱蔽處與縫隙的階段，你需要做些思考。將你的目光持續聚焦在你的光源和你正在畫陰影的物體上。用點力道，在全部的隱蔽處與縫隙裡，畫上深色陰影。不用急，慢慢來；這在課程中是個好玩的步驟，好好享受吧！

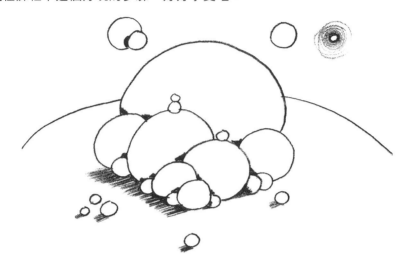

12. 在第一層的明暗，先讓你的筆輕輕地掃過全部球體，只要淡淡地畫在背對光源處的最大區域。先不用擔心調和明暗的問題，只要留下一個基本底層的明暗即可。

在每一個球體上多加幾層明暗。畫下深色的邊界處、隱蔽處與縫隙、投射陰影，以及球體之間地面的暗處。慢慢地由深至淺處調和明暗。持續地以你的視線，不停來回確認你的光源處。

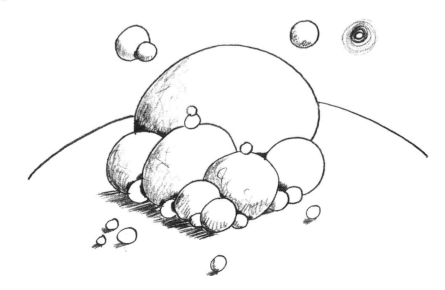

13. 將你的明暗調和得如同玻璃般滑順。假如你還沒有時間去購買少許用來調和明暗的紙筆，那就用你的手指頭。小心地塗抹明暗處，在每個球體上，由最暗的暗處，愈來愈淡地調和至最淺、最亮的熱點處。多花點時間在這個程序上。你愈能將由深至淺的轉變調和得愈順，物體表面看起來就會愈像一層玻璃。「如同玻璃般地滑順」是個很好的說明，它讓我可以繼續向你介紹另一個很棒的詞彙：質感（texture）。

　　質感使你所畫的物體具有「表面觸感」。或者你也可以將蜷曲、螺旋、木頭紋理的線條畫在這些球體上，創造出球體是由木頭做成的視覺錯覺。你可以在每個球體上亂塗一堆頭髮，然後，你就會突然有一個外表看起來毛茸茸、非常特異的外星人家族。質感可以為你的繪畫增加許多可供識別的特質（在稍後的課程中，我會講述更多關於質感這個超棒的原理）。

探索質感！

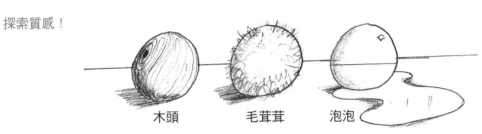

木頭　　　　毛茸茸　　　　泡泡

質感＝物體表面的「觸覺」。

14. 在你的繪畫中加入一些額外的元素，這會讓你的學習又多了一個層次。我會教你畫出具有技術性的精確立體繪圖所需的特定技巧。但是，真正的學習、真正的樂趣、對繪畫真實的享受，都來自於熟悉這些技巧，並化為你的創意想像力。

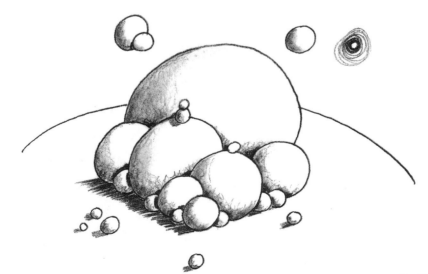

試著在大的球體上畫一些洞。洞和窗戶是學習正確畫出厚度很棒的練習。這裡有個值得記起來的簡單方法，讓你在窗戶、門、洞、裂縫處及開口的地方畫出厚度：

如果窗戶在右邊，厚度就在右邊。

如果窗戶在左邊，厚度就在左邊。

如果窗戶在頂部，厚度就在頂部。

厚度規則

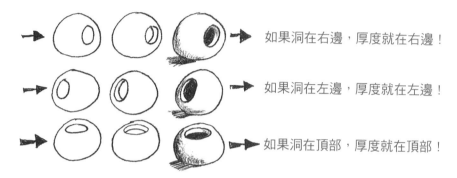

如果洞在右邊，厚度就在右邊！

如果洞在左邊，厚度就在左邊！

如果洞在頂部，厚度就在頂部！

你可以看到我在這一課中享受到的樂趣。我開始瘋狂地加入了從窗戶發射出的大圓石。原本我即將畫下一連串來往於球體之間的門、滑板的斜坡及倉鼠的地道。我在最後一秒鐘收起了我的鉛筆，不想這麼快就給你太多幾乎超載的點子。話又說回來，有何不可呢？放手一試吧！

開始時我先畫一堆球體，最後以城市中的一座綜合公寓結束這幅畫。你永遠不會知道你的想像力及你的鉛筆，能帶領你到什麼地方……

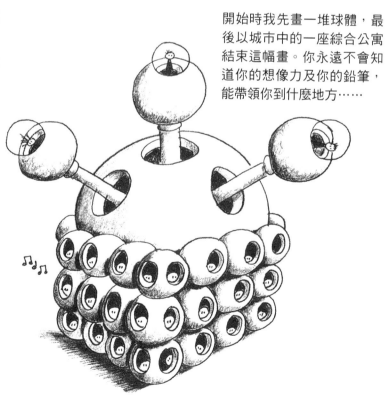

學生範例

參考一下其他學生的範例，看看他們如何完成這一堂課程。你能開始看出獨特的繪畫風格正要浮現出來。每位學生都有他們自己學習的方式。

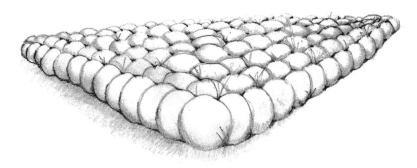

Marnie Ross

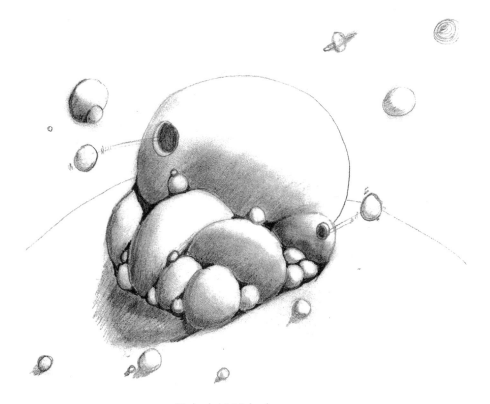

Kimberly McMichael

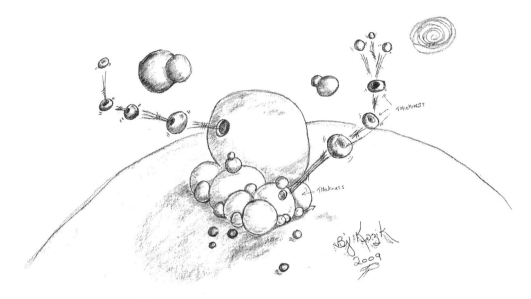

Brenda Jean Kozik

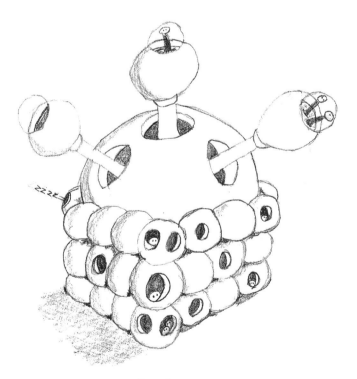

Tracy Powers

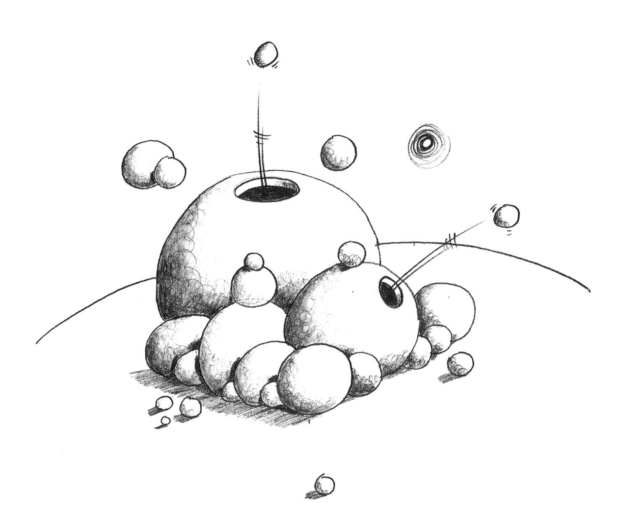

你可以在這頁盡情揮灑創意！

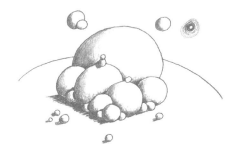

立
方
體

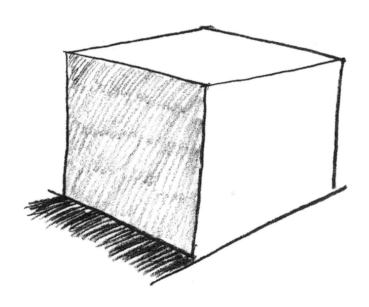

是否有點受夠了畫球體呢？立方體是非常具有變化性的，你可以用它來畫箱子、房子、建築物、橋、飛機、車輛、花朵、魚……魚？沒錯，立方體甚至能幫助你畫出一隻完整有鰭的立體魚。它也會幫助你畫出周遭世界裡的所有東西。

1. 在素描本中新的一頁開始，寫下第幾課，以及課程名稱、日期、時間，並記錄下你所在的地點。然後，畫下兩個點在彼此的對面。

2. 用你不是用來繪圖的另一隻手的手指頭，放置在兩個點之間。然後，在你的手指頭上方及下方各畫上一個點，如以下圖示。

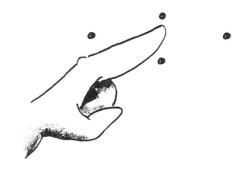

請隨意地寫下日誌的記錄項目、引文、筆記及趣聞在你的素描本中。若你的素描本愈個人化，你就會愈珍視它，也會多用它。在我需要記起某些我必須去做的事時，我的素描本，是我第一個會去看的地方。

3. 看著你所畫下的點。試著讓這兩個新的點，彼此真的靠在一起。我們即將要畫一個前縮透視的方形。

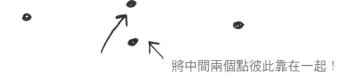

將中間兩個點彼此靠在一起！

4. 畫出第一條線，穿過兩點。

5. 畫出下一條線。

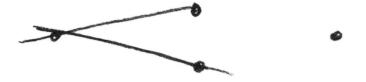

6. 加入第三條線。

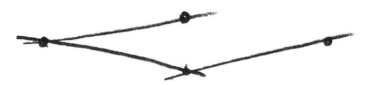

7. 完成前縮透視的方形。這是一個很重要、需要時常練習的形狀。多畫幾次這個前縮透視方形。注意：將中間的兩個點畫得靠近彼此一點。假如這兩個點畫得離彼此太遠，那麼，你將會得到一個敞開的方形。我們的目標，是畫出前縮透視的方形。

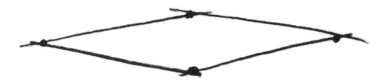

　　前縮透視的意思是指透過「扭曲」物體，以創造出物體的一部分比其他部分近的錯覺。比如說，從你的口袋裡掏出一枚硬幣。筆直地觀看著它。它是一個平坦的圓形，一個只有長度和寬度（二維＊），缺乏深度的圓形。在你的視線中，它的表面任一處看起來與你之間都有著一樣的距離。現在，稍微傾斜硬幣。它的形狀轉變成了一個前縮透視的圓形，也就是有深度的圓形。硬幣現在有全部三個維度：長度、寬度及深度。靠著簡單地稍微傾斜硬幣，你已經將硬幣表面的一側轉移到離視線較遠的地方──你已經透過前縮透視改變了形狀，也扭曲了形狀。

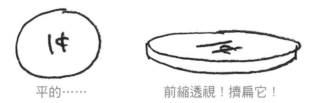

平的……　　　　　　前縮透視！擠扁它！

＊譯註：零維是一個點，一維是線，二維是長和寬（或曲線）。

基本上要畫出立體繪圖，就是在一張扁平的二維紙面上扭曲圖像，來創造出深度的錯覺。畫出立體圖像就是將形狀扭曲來騙過雙眼，在圖畫中創造遠與近的距離。

現在，回到我所警告的，兩個中間的點彼此畫得太遠的問題。如果你畫的點彼此距離太遠，你所畫的前縮透視方形，看起來就會像右圖這樣。

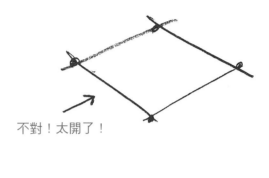

不對！太開了！

假如你畫的前縮透視方形看起來像我先前提過的，是一個敞開的方形時，請你多重畫幾次，將放置中間的兩個點彼此畫得近一點，直到你畫出的形狀像右下圖這樣。

好了，就目前來說，這樣已經足夠了。將前縮透視的概念牢記在心裡；它是如此地重要，大概接下來的每一個課程，我們都會以它來作為開頭。

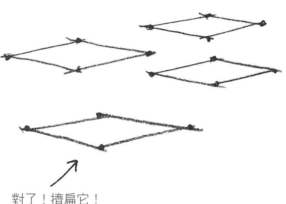

對了！擠扁它！

8. 以兩條垂直線，畫出立方體的邊。垂直、直立的線條能避免你的畫作看起來是傾斜的。這裡有個小提示：用你素描本頁面的邊緣，作為視覺上的參考。假如你的垂直線與頁面的邊緣線平行的話，那麼你的畫就不會是斜的。

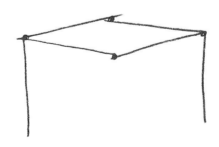

9. 用你剛才畫的兩條邊線當成 參考線，畫下略長、略低一點的中間線。用你已畫好的線建立下一條線的角度及位置，這是一項在立體繪圖中非常重要的技巧。

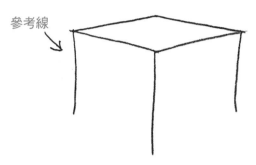

參考線

10. 以前縮透視方形的右上方邊界線條作為參考線，畫出立方體右邊的底部。這是個很好的方法：將你的視線停留在上方的線條，同時迅速地畫過底下這條線。就算把這條線畫得太長也沒關係，你可以稍後再清理你的畫。

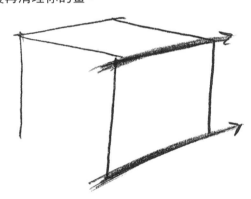

11. 現在，畫下立方體左邊底部的線，用它上方的線當作角度的參考。參考線！參考線！你能看出我正強烈地鼓勵你練習運用參考線嗎？

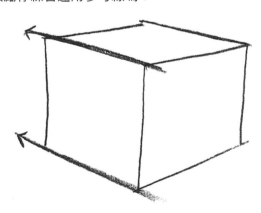

12. 現在，我們進行到了有趣的部分，也就是明暗。確認你假想的光源位置。我將光源處放在右上方的位置。你看下圖，我正用參考線來修正從立方體投射出的陰影角度。藉由延伸底部的右邊線條，我有了好的參考線，用來畫出符合角度的投射陰影線條。看起來很不賴，不是嗎？立方體看起來就像真的座落在地面上吧？這是一個讓你的畫面躍出的時刻，這幅畫就像真的被用力推出了平坦紙面一樣。

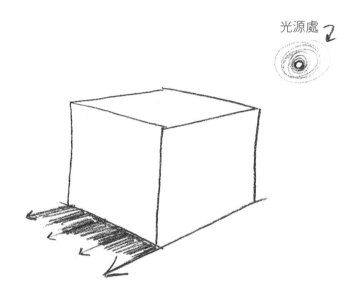

光源處

13. 在背對光源的表面上畫下明暗，來完成你第一個立體的立方體。注意，我完全沒有調和它的明暗。只有在彎曲的表面上，我們才調和事物的明暗。

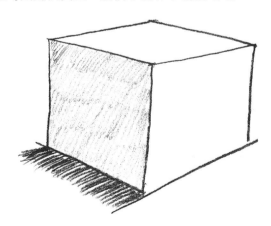

第 4 課：額外挑戰題

讓我們來複習一次你在畫基礎立方體時所學到的技巧,並加上一些能增加立方體識別度的細節,讓它看來如三個不同的物體。

1. 我們將會一次畫出三個立方體。用你的兩個引導點(guide dots)開始畫下第一個。從現在開始,我將在書中以引導點來指稱這些用來定位的點。

2. 用你的食指,將中間的引導點設置在恰當的位置。這是一個非常好的習慣,現在就要開始建立起來。若你在培養繪畫技巧的早期就養成這個習慣,到了最後的第三十課要使用它們時,對你來說,這就變成是個本能反應了。

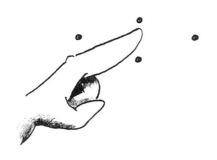

3. 連接好前縮透視的方形。假如你只有大約一分鐘的時間可以塗鴉,這是個很棒的形狀,可以讓你在素描本中練習。

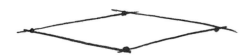

4. 畫下立方體垂直的邊及中間的線。中間的線總是會畫得較長、較低,這將使它看起來比較近。用你素描本頁面的邊緣,來作為你的垂直參考線。

參考線!

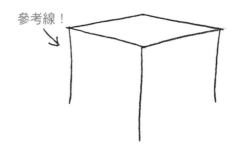

5. 以最上面的線作為參考線,完成一個立方體。

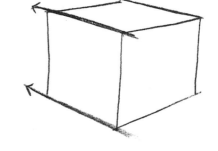

6. 畫出三個立方體，就像我在下圖中畫的一樣。

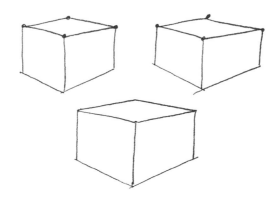

7. 在頂部前縮透視方形的每個邊線中間，畫下一個引導點。

引導點！

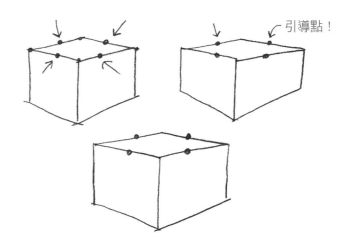

8. 我們一次畫完一個立方體。在第一個立方體，我們來畫一個舊式的禮物包裝郵寄包裹，那種用棕色牛皮紙包起來，上頭綁著細繩的箱子。

　　從左邊較近的引導點畫下一條垂直線，然後將它延伸，橫越頂部，一直畫到對面的另一個引導點上。

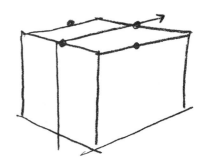

9. 在另一邊重覆這個動作。看看你自己如何讓細繩平坦地越過頂部。引導點幫助了你將細繩畫進前縮透視的方形裡面。在這類要確保線條之間角度一致的步驟中，引導點是非常有幫助的。在之後的課程中，你會發現我們有多常使用引導點。

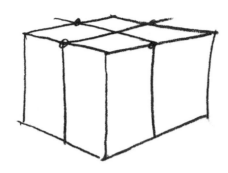

10. 為了畫出沿著包裹邊緣包裝的細繩，我們要再次運用引導點來確定角度。在每條垂直線的中間各畫上一個引導點。

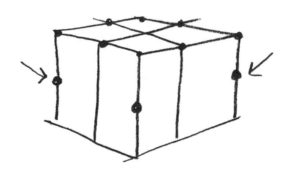

11. 用連接引導點的方式畫出細繩，將位於上方的線當成你的參考線來使用。

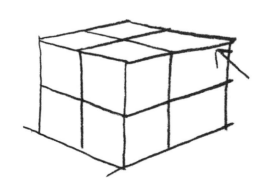

12. 有了這個基礎的細繩包裝畫法，你就能一次完成全部的立方體，將它們畫成魔術方塊，或是一個用緞帶包裝的禮物。

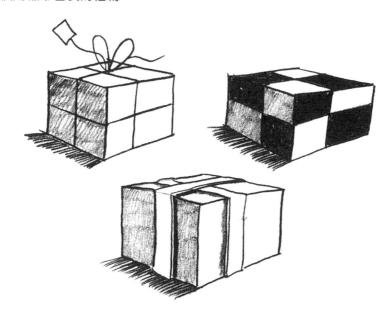

好好地享受一些樂趣吧：試著畫出疊成一堆的五個魔術方塊，將每個立方體互相重疊，就像你在五個球體中所做的那樣！

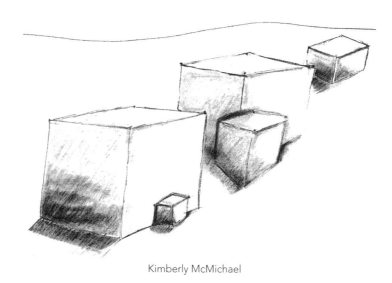

Kimberly McMichael

在你前方的桌上，放置一個鞋盒或早餐穀片的盒子，或是任何形式的盒子。

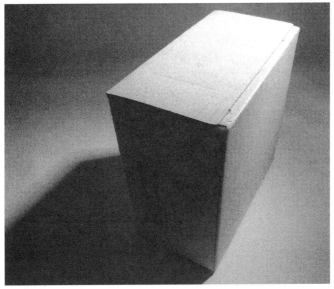

Jonathan Little 攝

坐下來，調整你的坐姿，好讓自己能看見前縮透視的盒子頂部。現在，請畫出擺在你前方的盒子。

不要驚慌！只要記住你在這一課中所學到的，讓前縮透視方形的知識幫助你運用雙手，畫出眼前所見。看著它，真正地看著它，看看它前縮透視的角度、明暗，以及投射陰影。看著在頂部及底部的字體，看它們是如何隨著角度，而有所變化。你畫得愈多，就愈會看見在你周遭的現實生活中更多存在的迷人細節。

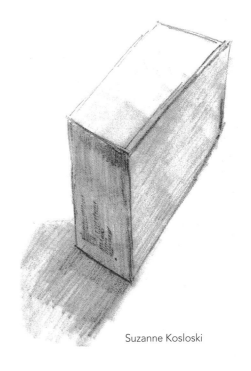

Suzanne Kosloski

你可以在這頁盡情揮灑創意！

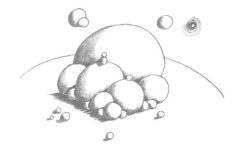

空心立方體

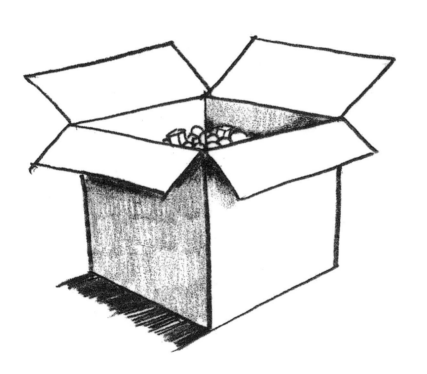

為了讓你確實地感受到，自己正在對那令人怯步的平坦白紙漸漸地駕輕就熟，我想來探索空心的箱子及立方體所帶來的趣味挑戰。

1. 先輕鬆粗略地畫一個立方體。

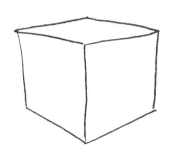

2. 畫兩條向後方傾斜的平行線。

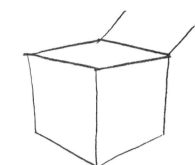

3. 注意平行！仔細看我如何將箱子蓋子的頂部線條，與其他稍微朝左上傾斜的線條平行。我將這個角度稱為方位中的西北向 —— 想想你的指南針。

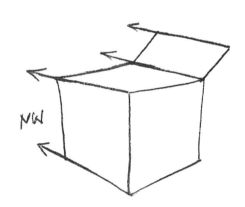

平行線與垂直線

平行線指的是兩條往同個方向延伸，無論在線條的哪一段，彼此之間都維持等距的線。我會在心中想像平行（parallel）這個字，看看這個字中間的兩個 I 字母，從而記住平行的意思。

垂直線則是指兩條以直角彼此交會的線。舉例來說，現在你所讀的這行文字，和這面書頁的邊緣線就是互相垂直的。

在這整本書中，我會將四種最為普遍的線條方位分別稱為：**西北向**、**東北**
向及**東南向**。看一下這個羅盤。

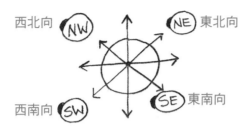

現在，我要以**前縮透視**的角度調整這個羅盤。就如同你記得的，前縮透視就是扭曲或
壓扁物體，來創造出深度的錯覺，使物體的一側看起來離你比較近。

注意這個前縮透視的羅盤圖示，其中的四個方位——西北向、東北向、西南向及東南
向，全部都與你用來畫立方體的線平行。

我將這右邊的圖示稱為我的**繪畫方位參考立方體**（drawing direction reference cube）。
這是個很棒的工具，它可以用來幫助你設置你的線條，使它們一致地落在適當的位置上。

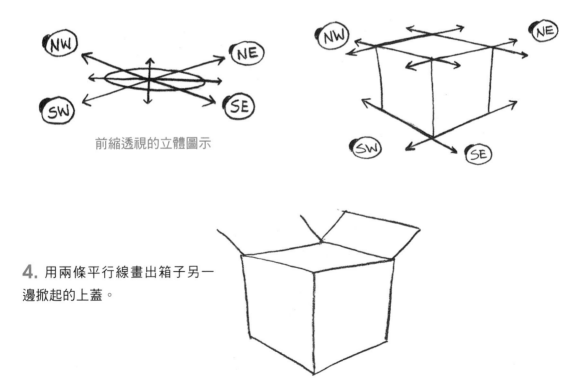

前縮透視的立體圖示

4. 用兩條平行線畫出箱子另一
邊掀起的上蓋。

5. 參考箱子底部的東北向線條，以同樣的東北向線條畫出蓋子的頂端。

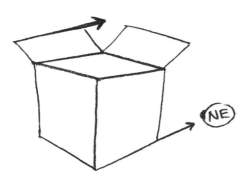

6. 簡略地添加兩個靠近箱子前方，傾斜下垂的上蓋。

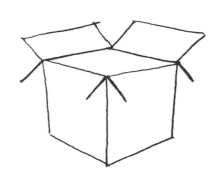

7. 請再次運用箱子底部的角度，來引導你的線條方向。以東北向及西北向的線條完成近處的上蓋。我將會時常重覆這個觀念：用你已經畫好的線，作為後續畫出增加線條的參考角度。藉由先前畫好的線與繪畫方位參考立方體不斷檢查角度，你所畫的圖將會是穩固且聚焦的，而且最重要的是，它將會是立體的。

8. 在箱子內側的後方，畫一條短短的窺視線（peeking line）。我仍舊對於這個步驟感到欣喜，一條小小的線條帶來強大的視覺影響力，也帶出了整幅畫作的立體感。這條在箱子後面的小小窺視線，會創造出我們繪畫中的「砰！」時刻（就像艾默利·拉加西〔Emeril Lagasse〕* 做菜時會說的那樣）—— 在這個精準的時刻中，畫作會從二維的素描轉變為立體的事物。

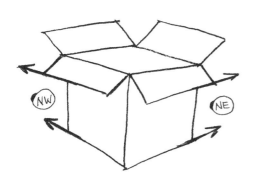

窺視線

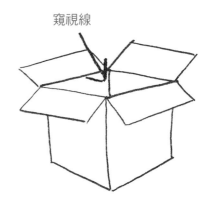

---

* 譯註：艾默利·拉加西是美國家喻戶曉的主廚明星，目前擁有九間餐廳並擔任美食節目主持。

9. 確認你的視平線和你的光源位置。

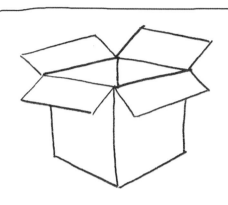

10. 為了適當地畫出投射陰影，請用繪畫方位參考立體來作為參考依據。畫一條從底部延伸出來，往西南向延伸的引導線。注意不要下垂！這裡是學生最普遍會將投射陰影的引導線往下畫的地方。注意我的投射陰影，看看它是如何與我的引導線整齊地排列著。

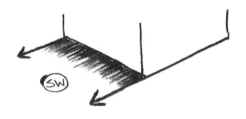

小心，不要將你的投射陰影畫成像這樣下垂的樣子。

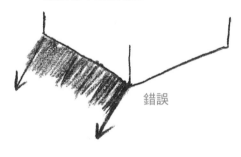

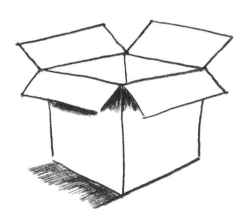

11. 在前方兩片下垂的上蓋底下畫出陰影，就如同我在左圖畫的一樣。下方陰影是很好的細部描繪，成功的插畫家利用它來讓物體有突出的視覺感、琢磨細部，並使邊緣線條更加清晰。

12. 這是在每一課中，讓你獲得最多收穫的一個步驟。擦除多餘的線條來清理一下你的素描，並且加深外形的輪廓線，使邊緣的線條更加清晰。這個步驟會使圖像從背景中跳出來。畫上箱子左側及內部的明暗，也就是背對光源的地方。我總是鼓勵你在這些課程中找點樂子，為畫作加入很多額外的元素、一些非常有創意地在你腦海中浮現的靈巧想法，好為你的畫作增色。我放入了一些小東西在箱子裡，將它們畫得勉強能看見。注意到了嗎？這些小的細部琢磨，都能夠增添許多視覺上及素描本身的趣味性。

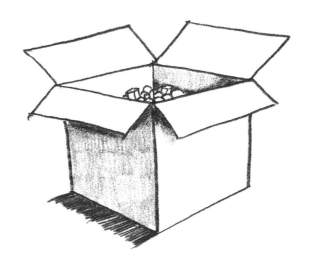

第 5 課：額外挑戰題

　　說到加入額外的元素來提高畫作的吸引力，就讓我們來延伸紙箱的課程。來畫個裝滿並且溢出許多珍珠、金幣及無價之寶的藏寶箱如何？畫出屬於我們自己的財富吧！

1. 一開始，先畫出一個我們先前學過的基本立方體。接下來，畫出繪畫方位參考立方體的方向線。這麼做是為了有個好的練習，也是為了加深你的印象。將邊線稍微往內傾斜一點點就好。

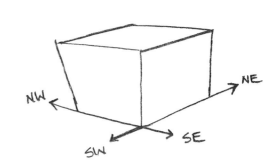

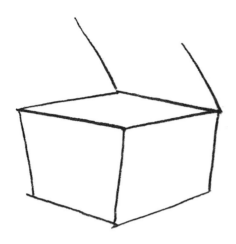

2. 畫兩條平行線，讓藏寶箱稍微打開。

3. 用你已畫好的線當成參考線（聽起來很耳熟吧？），畫出頂部蓋子朝西北向延伸的邊緣線。

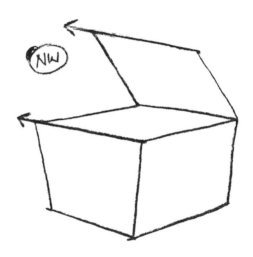

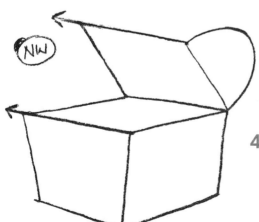

4. 畫出蓋子近處的圓弧線。

5. 將你已經畫好的線當成參考線（我是不是聽起來一直在重複？），畫出蓋子上方往西北向延伸的邊緣線。留意一下我是如何將頂部線條傾斜得比西北向方位的線條還要略多一點。這是因為這些西北向方位線最終全都會匯聚在一個消失點（vanishing point）上。我將在稍後的課程中，向你解釋這個消失點的概念。

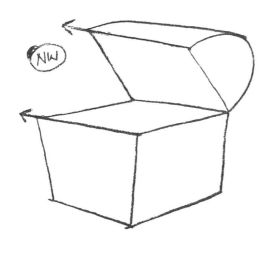

6. 畫兩條內部的窺視線。這會造就我們繪畫中的「砰！」時刻，你會愛上它的！

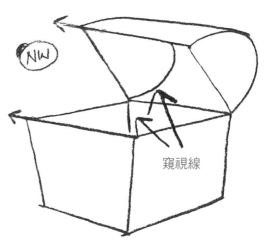

窺視線

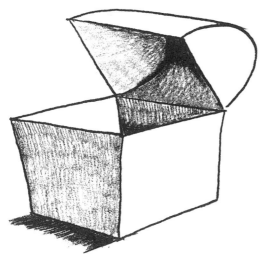

7. 在你的畫中加入細部的修飾。清理多餘的線條。放置你的光源，並且在所有背對光源的表面加上明暗，加深下方陰影，並畫出投射陰影。好好享受在這一課所畫下的額外細節。畫出滿滿的錢、珠寶及珍珠，直到心滿意足為止吧！

學生範例

看一下這些學生的畫，看看他們是如何在這一課中，加入一些很棒的額外細節。

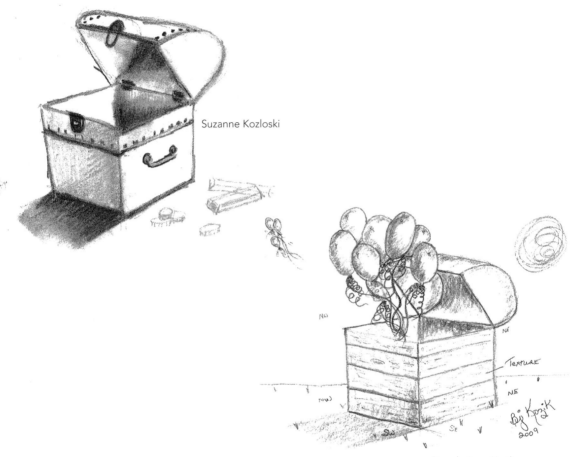

Suzanne Kozloski

Brenda Jean Kozik

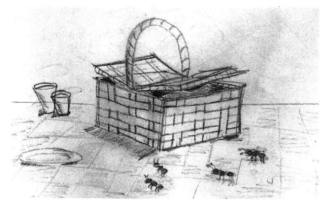

Ann Nelson

你可以在這頁盡情揮灑創意！

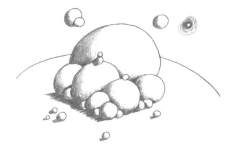

堆疊

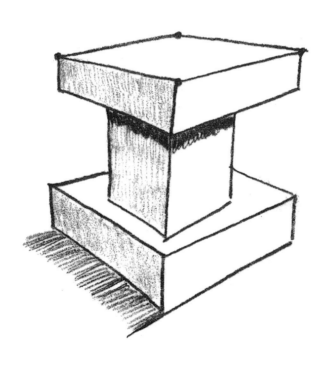

這將是有趣且收穫良多的一課。這堂課的靈感來自於我五年級的美術老師，麥克先生（Bruce Mclntyre, Mr. Mac）。他對教導小孩繪畫的熱忱，至今仍持續地、深深地影響著我。在這一課中，我們將會把所有截至目前已討論過的概念及法則結合在一起，畫出一幅非常酷的立體繪畫。我有提過這是一堂非常好玩的課嗎？我敢肯定你一定會享受在紙面上所有你能觸及的地方，都畫上堆疊的方形！

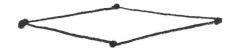

1. 一開始，請先畫下一個堅固的前縮透視方形。要記得，我極力鼓勵你在這本書裡的每一堂課程中使用引導點。我知道你對於你的前縮透視方形已經非常有信心。無論如何，請你當作是遷就我一下，在每次繪畫時，都使用引導點。之所以要這麼做是有很重要的原因的，我會在稍後的課程中詳述細節 —— 相信我吧，小畫家，這一切之後都會揭曉的。

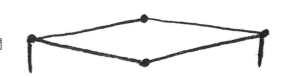

2. 畫兩條短短的邊緣線，用它們來創造出桌子的頂部。

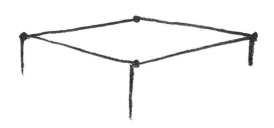

3. 將中間的邊線畫得長一點。這裡運用了哪一個極為重要的繪畫法則呢？

4. 用你已經畫好的線當成參考線，以西北向及東北向的線條，畫下這張桌子上方的底部。

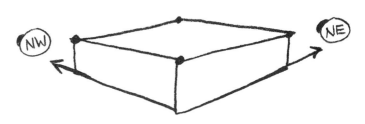

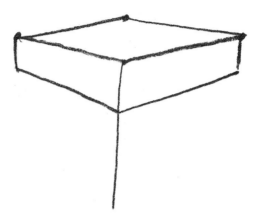

5. 將桌柱中間的邊線畫長一點，來創造出桌柱中最靠近你的邊緣線。

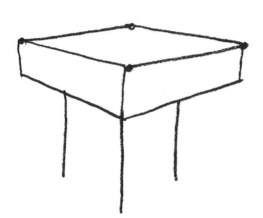

6. 畫出桌柱的兩側，就如同我在左圖中畫的一樣。要留意，桌柱的每一側都是從桌面邊緣處一半的位置畫下來。請參考我的範例。

7. 用你已經畫好的線當成參考線，畫下西北向及東北向的線來完成桌柱的底部。

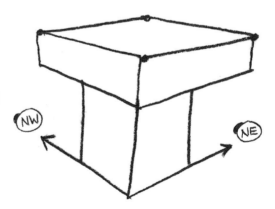

8. 將視平線畫在桌子正上方的位置，並將光源處放置在右上方。我在本課的這個階段畫下視平線，是為了向你闡明一個很重要的概念：截至目前，我們所完成的所有畫作，都是從一個上方觀點（單點透視〔one-point perspective〕）朝下看著物體。視平線讓我們在視覺上看到物體位於視平線下方，從而告訴了大腦我們觀點的位置，讓大腦得以判斷事物的厚度、陰影及前縮透視。你只要記得，若你以俯視的觀點作畫，那麼視平線的位置就會在物體的上方。

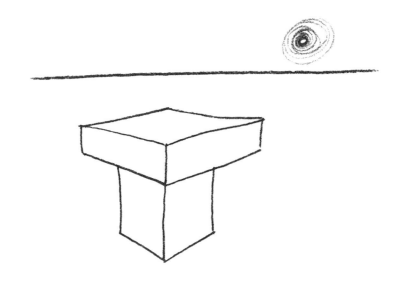

9. 到了非常重要的一個步驟！在鄰近你的桌柱邊角正下方放置一個引導點。許多學生在做這個練習時，都會忘記使用引導點。假若你沒有在畫出每張堆疊桌子時使用引導點，那麼你的畫可能會漸漸變得比較歪斜，而且變得無法挽回地歪曲。若你的畫是走向安迪・沃荷（Andy Warhol）* 的風格，那像這樣的畫作就會有個挺酷的視覺效果；但倘若你的目標，是要畫出一個輪廓鮮明的、聚焦的、比例適當的、前縮透視的立體堆疊桌子，那麼，這將會是個徹底的失敗。

* 譯註：安迪・沃荷，美國藝術家，是普普藝術最有名的開創者之一。

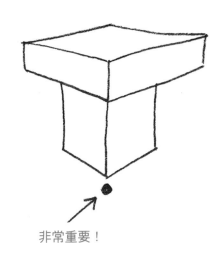

非常重要！

10. 用你已經畫好的線條來當成參考線（沒錯，又再提了一次！）。以西北向及東北向的線條，畫出柱腳前方的兩條邊緣線。

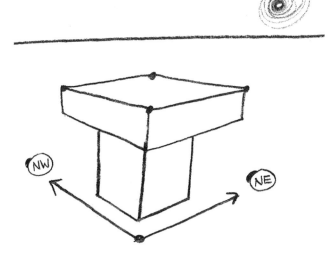

11. 注意！當你要畫出下方柱腳的後方邊緣線時，請確保將它畫到桌柱轉角處的後方。這兩條非常短的線需要與你畫的西北向及東北向線條平行。這是學生在這一課中第二個普遍會犯的錯誤。學生會強烈地傾向將這兩條短的線條直接連接到桌柱的轉角處。請你將這些線畫到桌柱的後方。

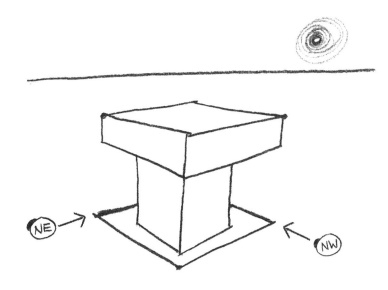

12. 完成柱腳，確定你有將鄰近你的轉角處畫得低一點。一如往常，用你已畫好的角度，來當成畫柱腳底部時，往西北向及東北向的參考角度。

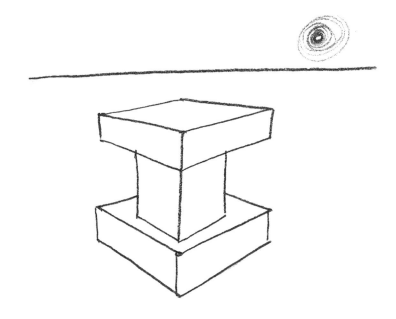

13. 用你已畫好的線當成參考線，將投射陰影的方向引導線延伸出去。

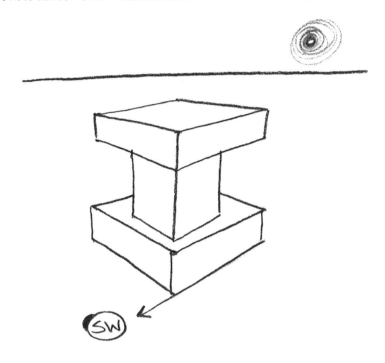

14. 在背對光源處加入投射陰影，畫上桌子及柱腳的陰影，並在桌柱兩側加深下方的陰影。注意到那超棒的下方陰影，的確將桌面底下的桌柱深度創造出來了。這就是我們課程中的另一個「砰！」時刻！

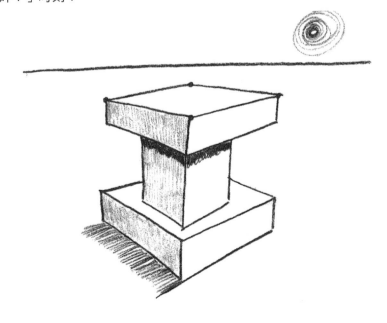

這裡有個好方法，來幫助你真的掌握到這一課中的重點。找出能讀秒的手錶、時鐘或手機。我想要你自己計時，看你花了多少時間畫出這一幅桌子立在柱腳上的畫。用計時器試個兩、三次，然後看看你是否能在兩分鐘內完成它。我曾和所有小至國小，大至大學研討會的學生一起做這個計時的練習。

　　要你在有時間限制的條件下畫出圖像，是為了訓練你的手自信地畫出這些前縮透視的形狀、重疊的轉角處，以及──最重要的──將繪畫的羅盤方位角度深植在你的手部記憶中。這些西北向、東北向、西南向及東南向的角度，會逐漸讓你感到一定程度的自在。你愈是練習這幅立在柱腳上的桌子圖畫，在接下來的課程及將來創作的作品中，你就愈能對你所畫出的線條感到自在與自信。這是個極好的繪畫練習，它能讓你好幾天都對它念念不忘。

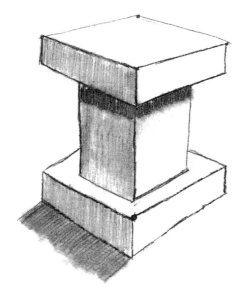

Julie Einerson

第 6 課：額外挑戰題

到了這一課中很好玩的階段了。就看你想要你的素描技巧進步到什麼樣的程度？現在，看一下我的繪畫日誌內頁。

你能看得出來，我自己真的很享受於畫這個超高、彎曲、以桌子疊成的高塔嗎？現在，看看在同一個練習中的一些學生範例。

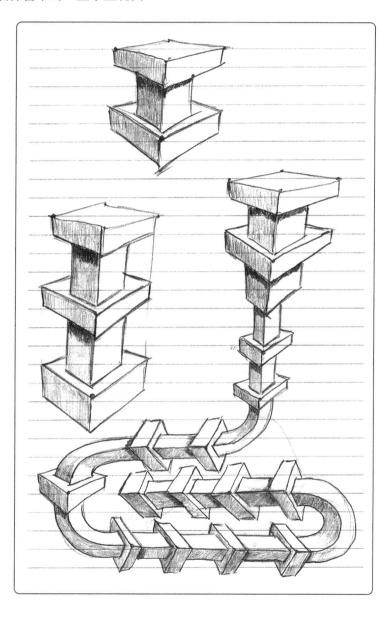

學生範例

　　你有多餘的十五分鐘，可以用來試畫這其中一幅用桌子堆疊而成的怪物高塔嗎？當然有囉，去做吧！請確保你在素描本內頁中記錄了你開始及完成繪畫的時間。我差不多能確信，你將在一天中的大部分時間裡，花上好幾個十五至二十分鐘，心不在焉地亂畫這些既美好又古怪的高塔。它們不僅是用來記住各項技巧，包括前縮透視、平行、下方陰影、明暗、配置、比例的極佳練習，更有著令人著迷的魅力。

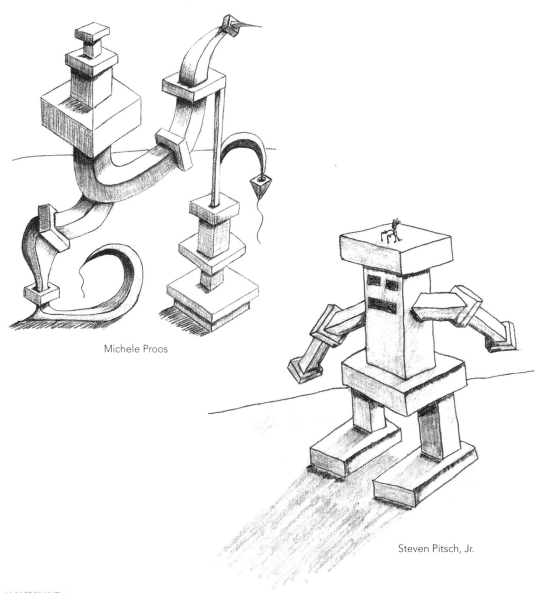

Michele Proos

Steven Pitsch, Jr.

進階立方體

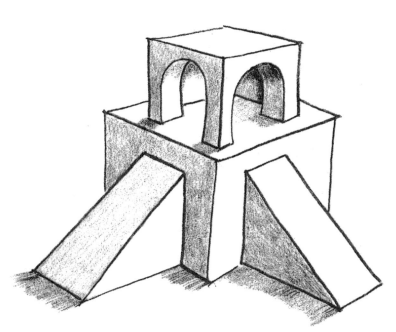

這一課要建立你畫出立方體的重要技巧。我想讓你有辦法完全掌握畫立方體的方法，並有能力將它們轉化為許多更為進階的形狀。在稍後的章節中，你將會很快發覺到，若擁有操控方形的能力，你將能畫出房屋、樹、蠟筆，甚至是人臉。你也許心裡有疑問：「你怎麼能將一個枯燥的立方體，搖身一變，就變成樹或是人臉呢？」我會告訴你的，稍後就會跟你說，但首先……

1. 用引導點畫下一個輪廓清晰的前縮透視方形。

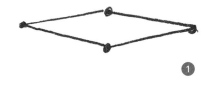

2. 輕輕地將方形的邊往下畫，並將中間的邊線畫得稍長一點（作為一開始為畫面塑形的線條，這些線要畫得輕一點）。

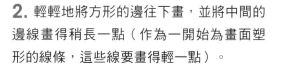

3. 將你已畫好的線當成參考線，畫出立方體的底部。為了達到複習的目的，請將全部的西北向及東北向線條延伸出去，就像我在右圖中做的一樣。

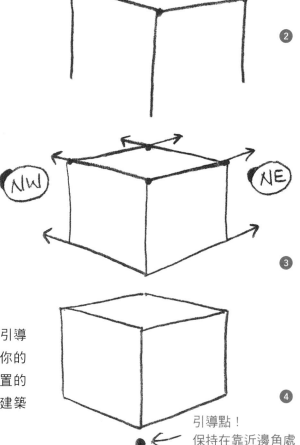

4. 在最靠近你的邊角正下方，畫下所有引導點中最重要的一個。這個引導點會決定你的第二層前縮透視方形的位置。假如你設置的引導點太低，這層方形就會扭曲，整棟建築物也會偏離。

引導點！
保持在靠近邊角處的地方。

5. 用你已畫好的線作為參考，以東北向及西北向線條，畫出第二層的近處邊緣線。當我畫到這個步驟時，我仍不時地來回檢視我的第一個方形，確保我加入的每條線條，角度都和第一個方形的邊線角度一致。

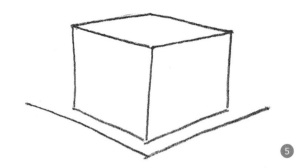

⑤

6. 看看你第一層方形的東北向線條。現在，看看第三個步驟所畫出的東北向方向箭頭。輕輕地描過這些方向線，這些線的角度，會保留在你的手部動作記憶中。在做了一些鉛筆筆觸的排練後，趕快將你的手移到立方體左邊，畫出在轉角處後方的東北向線條。重覆這相同的技法，在另一邊畫下西北向的線，創造出建築物頂部的第二層。我會持續不間斷地回溯至我最初所畫的角度線條，一次又一次地將它們加深。

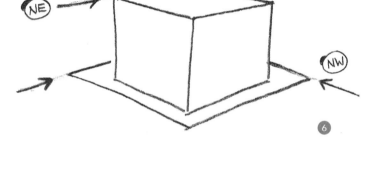

⑥

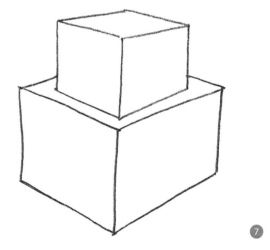

7. 完成建築物的第二層。再次確認底部的線條符合你的東北向及西北向線條角度。

⑦

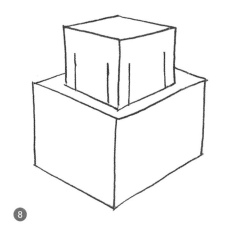

8. 在最高的一層畫上門，首先在兩側各畫上兩條垂直線。為了確保你的線條真的從上到下都是垂直的，請看著你紙張的邊緣。你所有的垂直線條都應該與紙張邊緣平行。你應該在每次畫垂直線時都瞄一眼紙張的邊緣，否則會冒上風險，使你畫作中的事物嚴重朝其中一側傾斜。有趣且值得注意的是，每扇門的近處邊緣線，都要畫得比遠處的邊緣線稍長一點，也就是重要的比例法則的運用：門較近的一側要畫得大一點，好創造出它實際上離你比較近的立體錯覺。這是繪畫中非常重要的基礎原則 —— 要讓某樣物體看起來離你較近，就將它畫得比畫面中其他物體都來得大。

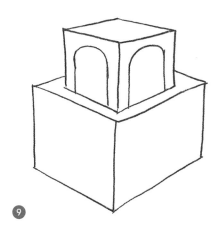

9. 將在建築物頂層的兩個門口頂部畫成曲線。

10. 為了創造出這些門真實存在於這棟建築物上的錯覺，我們需要在這些門上加上厚度。讓我們來複習一下這個簡單的厚度規則：

> 如果門在右邊，厚度就在右邊，
> 如果門在左邊，厚度就在左邊。

記熟這個規則，複誦它，練習它。這個厚度規則會經常運用在任何你會畫到的門、窗戶、洞或入口處上。將這個規則謹記在心，這會使你在描繪複雜的繪畫時免於困惑。

讓我們先將這個重要的厚度規則運用在右邊的門上。如果門在右側，那麼厚度應該畫在哪邊？沒錯，你答對了：右邊。利用你繪畫羅盤方位中的西北向線條，在門的右側畫出底部厚度線。

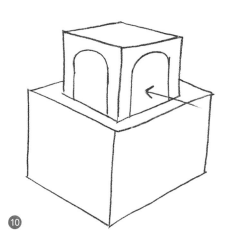

11. 依照門口外部的曲線線條畫出厚度，完成這扇門。

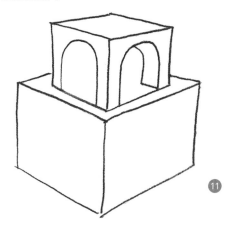

12. 看著左側的門。用你先前畫好的東北向線條來當成參考線，畫出左側入口處的門位於左側的厚度。

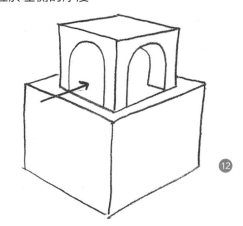

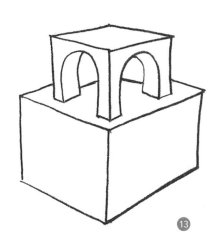

13. 擦除每扇門底部的引導線。有了東北向及西北向的線條，你就能輕易地創造出每個門口內部都有玄關或是房間的視覺錯覺。注意我是如何將這些線條，畫在剛好比每個門口底部的厚度線條稍高一點的位置。藉著將這些線條往上推，我創造出了更多的空間感。

14. 在建築物的兩側，各畫上一個引導點。

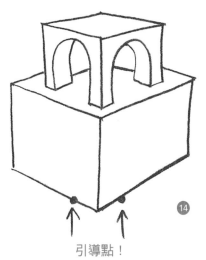

引導點！

15. 讓我們先創造出左側的斜坡。畫出斜坡靠牆的垂直邊線，然後用西南向箭頭來延伸斜坡的底部。我們在前幾課畫投射陰影的引導線時，很常運用到這個方位的線條。事實上，晚點要畫這一課建築物的投射陰影時，我們也會再次運用到西南向線。要謹慎地讓每條西南向線條保持角度一致——可以用你稍早完成的東北向線條反覆確認，因為東北向和西南向線條實際上是一樣的線，差別只在於你的手畫下線條時的方向而已。用視覺上的範例說明，會比這些文字敘述要清楚多了。

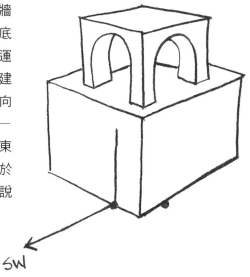

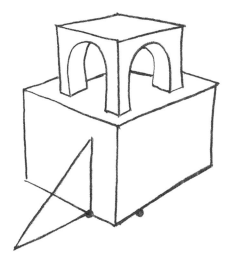

16. 完成斜坡近處的邊線。

17. 以兩條西北向的線條，畫出斜坡的厚度，使它的角度與你稍早畫出的西北向線條角度吻合。

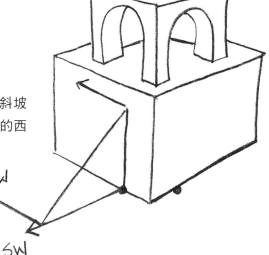

18. 以吻合前方邊緣的角度，完成遠處的邊緣線（又是另一個平行線的好範例）。注意我是如何將底部的面或是斜坡，畫得比頂部的部分略大一些。

　　你必須總是牢記著比例法則在畫面中的影響力。不斷地在小細節中運用這些重要的繪畫法則（比例、配置、明暗、陰影等……），以及繪畫羅盤方位（西北向、東北向、西南向及東南向），能進一步帶給你技巧和自信，幫助你以立體的方式描繪出任何物體。

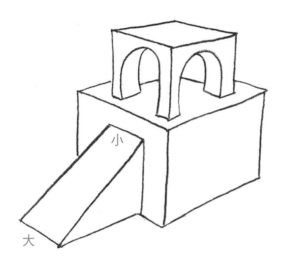

19. 擦除在斜坡後方的引導線。用你畫的東南向線條當成參考線，在右側畫出斜坡。切記：小心你那將底部線條畫得往下垂的傾向。別讓線條下垂！

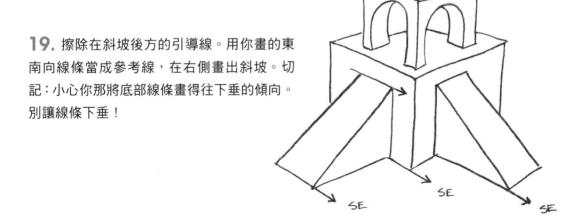

20. 在建築物的上方畫條視平線，設置你的光源處，這樣就完成了有著斜坡的前縮透視雙層建物。當你在畫建築物時，只要運用參考線，就能簡單地將投射陰影的角度正確地畫成西南向；你只要延伸底部的線條即可。擦除任何多餘的線條或污跡，然後，你瞧，你已完成了你第一幅符合建築學的繪畫。恭喜你！你做得很出色！

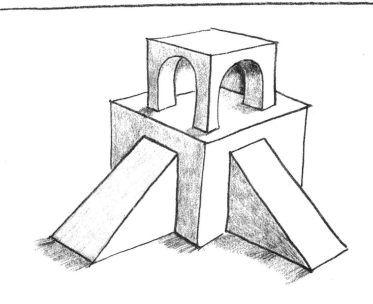

第 7 課：額外挑戰題

　　這裡有兩個饒富趣味、有著斜坡的兩層建築物的變體。在變體一號裡，我嘗試將垂直的邊往內縮。我對於這個嘗試所得到的結果相當滿意。你也來試試看。但是，在你的版本中，你要將它畫成九層樓高。現在，畫出一個劃分為九層高度的版本，將邊緣線從內縮改成向外擴張。試試看改變每一層的粗細如何？首先將三層的邊緣線內縮，再將三層的邊緣線往外擴張，最後三層再次內縮，或嘗試看看其他的變化方式。你可以看到我有多喜歡這個主意：這個十分有趣的練習有著數以千計可能的變化性。

　　在變體二號裡，我嘗試將前縮透視的層面，改變成一棟旋轉樓梯建築，具備斜坡、門、窗戶，側邊還有著前縮透視的獨特圓柱體。它看起來比實際去畫還來得複雜：你只需要簡單地以一個非常穩固、輪廓清晰的前縮透視方形來作為開頭就可以了。

　　切記，你所畫下的第一個前縮透視方形，就是你在這整幅畫中會畫出的其他線條的參考基礎。有了這個強而有力的開始，請好好享受複製我的變體二號，一次一條線，一步一步來畫。現在你已經有足夠的知識及技巧，不需要我幫你分解其中每個步驟，也能夠自己畫出來。要有耐心，慢慢來，還有呀，要享受其中的樂趣！

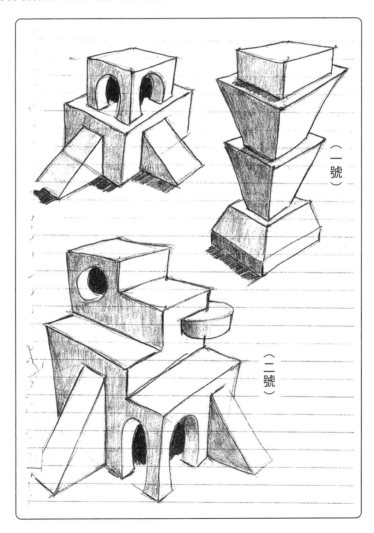

（一號）

（二號）

學生範例

看一些學生範例來激發一些靈感吧！

Julie Einerson

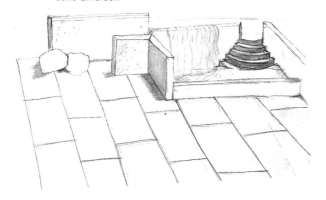

在這幅水療池的素描中，茱莉運用了幾個在這一
堂課裡學到的法則。

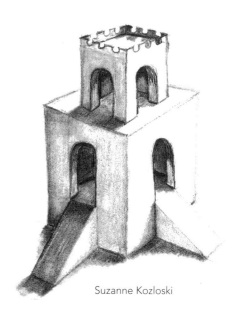

Suzanne Kozloski

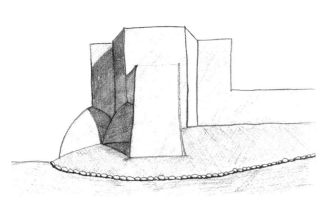

Marnie Ross

瑪妮在這幅教堂畫中運用了她正在發展中的繪畫
技巧。

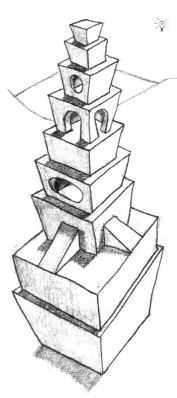

Michael Lane

無尾熊

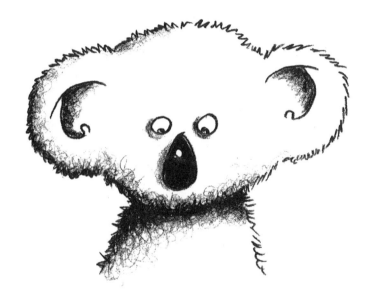

今天，讓我們暫且在箱子和結構的畫法上喘口氣，來畫一隻由我們憑空想像出來的無尾熊。這一課的靈感是來自許多年前我在澳洲學校的巡迴教學。

當然，在每一個恰當的時機，我必須在我的素描本／日誌中，畫出從未出現在裡面過的動物。我也必須教整個班級的學生，如何用九大繪畫基本法則來立體地畫出這些美妙的生物。在這一課裡，我們將會先畫一個漫畫手法的無尾熊。在這一堂課程之後，我鼓勵你上網去搜尋三張真實的無尾熊照片，並用我們現在即將學習到的技巧來畫它們。

1. 用非常輕的筆觸，將三個圓形畫成一排。

2. 在第一個圓形上畫出彎曲的短筆觸，藉此創造出外緣的「輕柔軟毛」質感。

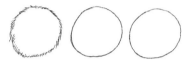

3. 繼續在第一個圓形上畫出更多彎曲的短筆觸，填滿圓形的左側，以質感創造出明暗的錯覺。你能將質感作為物體的陰影部分。

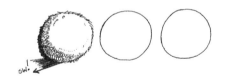

4. 讓我們更進一步，在第二個圓形的外緣四周，畫下筆直尖銳的線條，創造出鋒利尖刺的「觸覺」感。

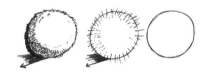

5. 將你的光源放置在頁面中的右上角，並在第二個圓形左邊再多加入幾排尖刺。

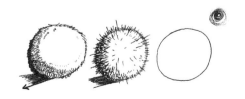

6. 潦草地在第三個圓形上到處亂塗，創造出一球乾燥棉絨亂七八糟的外觀。繼續探索這種質感，將它當做營造明暗效果的工具。

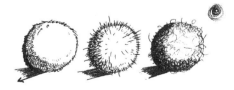

7. 現在是時候來開始今天的課程 ——〈無尾熊〉了！輕輕地描繪一個圓形來作為開頭。

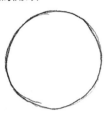

8. 輕輕地描繪耳朵。

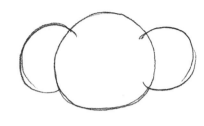

9. 輕輕地畫個往下傾斜的肩膀。

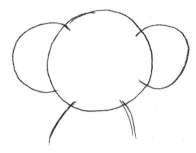

10. 當你畫出錐形（tapering）鼻子時，一定要留下一個小小的白色區域。這會創造出富有光澤的鼻子。你在畫其他動物時也會需要做一樣的事，像是貓、狗或熊。

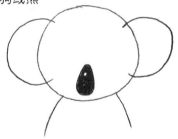

11. 在每個瞳孔中留下一個小白點，將反射的概念運用在無尾熊的雙眼上。

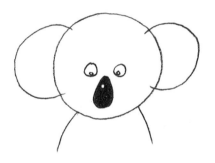

12. 讓我們更仔細地看耳朵的部分。現在在無尾熊的耳朵上，畫出耳朵頂部的邊緣：「耳輪」。

13. 畫出重疊線條的「耳殼」。

14. 畫出位於耳朵底部的突起部分，這就是「耳珠」。

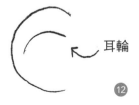

耳輪

12

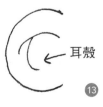

耳殼

13

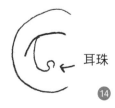

耳珠

14

15. 在右邊的耳朵上重覆畫出耳朵的結構。

16. 回頭去看你在這個課程開頭時所畫的毛茸茸的球。在和鋒利尖刺感的球體相比較之下，留意你自己是如何創作出軟毛的輕柔感的。在無尾熊的外圍輪廓線上，畫出輕柔、毛茸茸的質感。

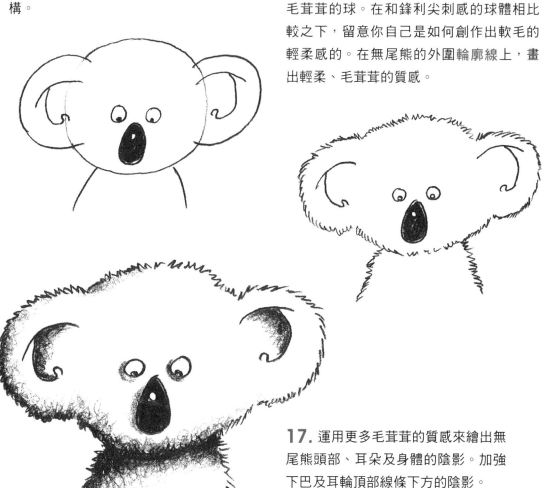

17. 運用更多毛茸茸的質感來繪出無尾熊頭部、耳朵及身體的陰影。加強下巴及耳輪頂部線條下方的陰影。

像步驟 12 ～ 14 這樣這種對於細節的考察，就是藝術界中所謂的對畫面細部進行「研究」（study）。例如米開朗基羅在西斯汀禮拜堂（Sistine Chapel）的壁畫〈創世紀〉（Genesis）中，亞當向上帝伸出的那隻手；又或者是歐姬芙（Georgia O'Keefe）在畫作〈海芋〉（Calla Lilies）中所繪的重疊花瓣。

第 8 課：額外挑戰題

現在你已成功地畫了一隻可愛的小無尾熊，為什麼要就此打住呢？去畫一大群無尾熊吧！自得其樂一下。用上許多**重疊**及**比例**法則，將最鄰近你的無尾熊輪廓畫得深一點，使它的輪廓線看起來更分明，好把它拉近觀者的視線。創造出畫面中這種推拉事物的效果，意味著你已經成功地在你的畫作中打造出可愛的視覺錯覺，也就是畫面的第三個維度：深度。做得好！

現在看一下我的素描本內頁，好獲得想法，幫助你畫出一群無尾熊。

我也給你一個主意：上網去找三張在大自然中拍攝的無尾熊照片。注意它們的耳朵和鼻子在真實世界中看起來的樣子。使用在這一課中的重要概念：質感、明暗及重疊法則，用更小、更寫實的耳朵和鼻子來畫另一隻無尾熊。

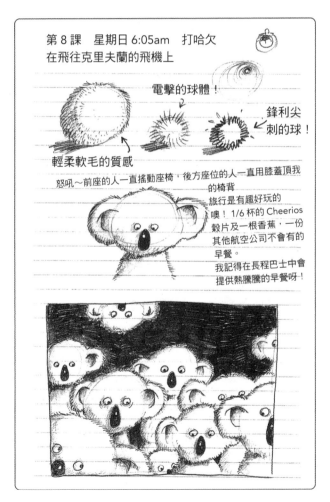

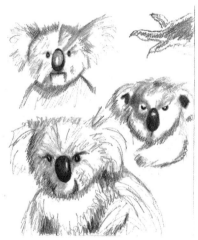

蘇珊娜用了在這一課中的重要法則，來畫出更寫實的無尾熊。

學生範例

在我學生的素描本中可以看到各式各樣的質感，一如你在這裡所見的：

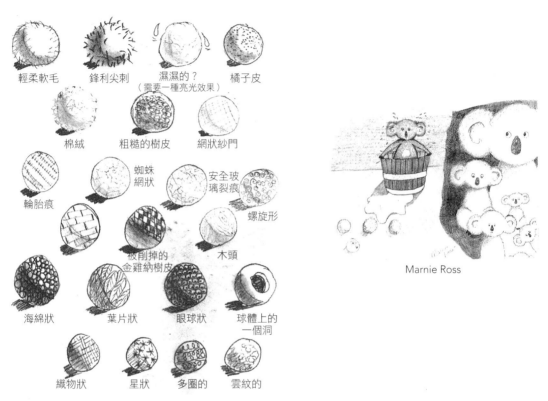

輕柔軟毛　　鋒利尖刺　　濕濕的？　　橘子皮
　　　　　　　　　　（需要一種亮光效果）

棉絨　　　粗糙的樹皮　　網狀紗門

蜘蛛
網狀

輪胎痕

安全玻
璃裂痕

螺旋形

被削掉的
金雞納樹皮　　木頭

海綿狀　　　葉片狀　　　眼球狀　　　球體上的
　　　　　　　　　　　　　　　　　　一個洞

織物狀　　　星狀　　　多圈的　　　雲紋的

Ann Nelson

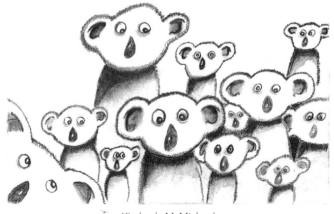

Marnie Ross

Kimberly McMichael

玫瑰

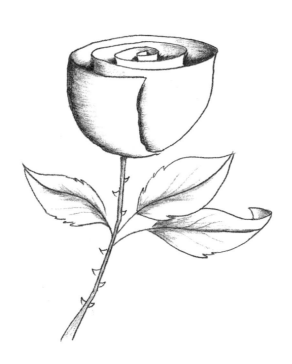

讓我們畫一個簡單的碗形，來為我們即將畫的玫瑰做個暖身。我常告訴我的學生，作為暖身，音樂家會彈奏音階，運動家會伸展肌肉，而藝術家則是畫出幾個簡單基礎的形狀、一些堆疊的桌子、一些重疊的球體，抑或是一碗可愛的營養穀片！

1. 畫兩個彼此水平、相對應的引導點。

2. 以一個前縮透視的圓形來連結這兩個點。

前縮透視圓形是相當重要的形狀之一，以這個形狀為基礎，能夠創造出上千種不同的物體。就像你可以透過前縮透視方形畫出箱子、桌子、房屋等等，你也可以透過前縮透視圓形畫出具有彎曲表面的立體圓柱形物體，比如：碗、玫瑰、幼獸、帽子、水母等等。練習用引導點一次畫出六個前縮透視的圓形，就像我做的一樣。

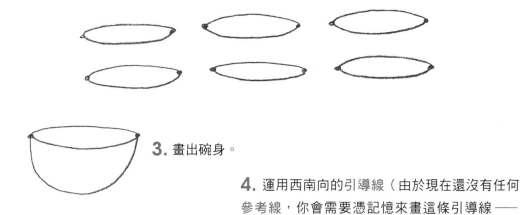

3. 畫出碗身。

4. 運用西南向的引導線（由於現在還沒有任何參考線，你會需要憑記憶來畫這條引導線——小心，不要把線畫得往下垂了！），畫出位於右上方的光源及西南向的投射陰影。畫出視平線。用從深至淺的調和明暗畫出碗的陰影，創造出調和過的平滑表面。看看碗中右側的小小調和明暗，在創造畫面深度上起了多大作用。這種局部的調和明暗細節，在你畫出玫瑰、海芋、蘭花或其他花卉時，都是可以善加運用的重要技巧。

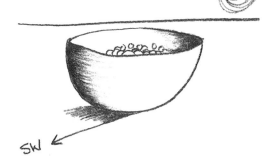

5. 在你畫玫瑰之前，我想要向你介紹一個重要的概念，我將它稱為窺視線。這個創造出層疊或皺褶效果的重疊線條小細節會帶來強大視覺效果，使玫瑰的花瓣看起來立體地環繞在花蕾的四周。為了讓你熟悉這個概念，我們用有趣且簡單的活動「波紋狀飄揚的旗子」來作為練習。

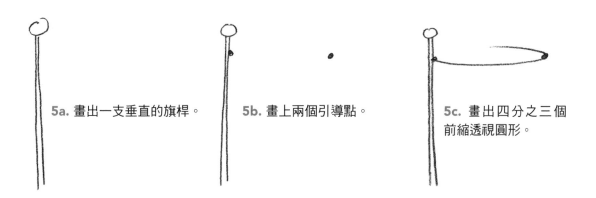

5a. 畫出一支垂直的旗桿。

5b. 畫上兩個引導點。

5c. 畫出四分之三個前縮透視圓形。

5d. 畫出旗子的垂直厚度線。

5e. 將旗子近處的底部邊緣線彎曲得比上方線條還多。旗子的底部邊緣線在視覺上離你比較遠，所以你需要扭曲它，使它彎曲得比頂部邊緣線更多一些。

5f. 畫出窺視線，這是在練習中最重要的一條線。這個微小的短筆觸會決定這幅畫的成敗，也具有強大的視覺影響力。它同時運用了重疊、配置及比例法則。

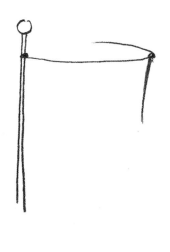

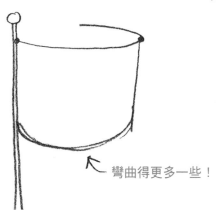

彎曲得更多一些！

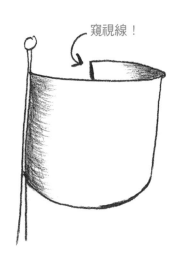

窺視線！

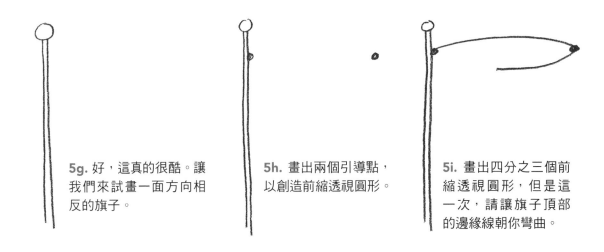

5g. 好，這真的很酷。讓我們來試畫一面方向相反的旗子。

5h. 畫出兩個引導點，以創造前縮透視圓形。

5i. 畫出四分之三個前縮透視圓形，但是這一次，請讓旗子頂部的邊緣線朝你彎曲。

5j. 從各個邊緣畫出垂直的厚度線。確保你將最靠近的那一條邊緣線畫得較長一點，使它顯得較近。

5k. 彎曲旗子近處的底部線條。記得將它彎曲得比你想像的還要再多一些。

5l. 將後方的線向上推。這條後方線條的彎曲方向，要畫得與剛才的弧線相反。將後方線條彎曲得比頂部的邊緣弧線稍多一點。

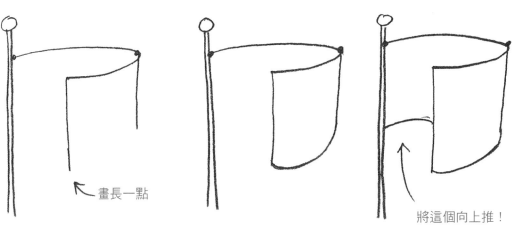

畫長一點

將這個向上推！

5m. 現在，讓我們用這整個前縮透視的圓形，來捲起一面旗子。這個練習會直接運用在畫玫瑰上。先畫出另一支旗桿。

5n. 畫上兩個引導點，並且畫出朝向你彎曲的弧線。

5o. 開始朝內盤旋這個前縮透視的圓形。

5p. 完成螺旋狀圓形。延伸線條尾端，將中間的彎曲線條畫得近一點。我們在之後畫波紋狀時也會再次用到這個技巧。

5q. 畫出旗子的垂直厚度線。

5r. 將旗子近處的底部邊緣線，畫得比你已畫好的上方頂部邊緣更彎曲。

5s. 將那後方的線向上推，並讓它朝背離你的方向彎曲。

5t. 在每一個內側的邊緣，畫下在這整幅畫作中很重要的窺視線。這就是這幅畫中的「砰！」時刻，讓這幅畫立刻從紙面躍出，變成立體的圖像。

5u. 畫一些非常深的陰影。一般來說，若你能在小裂痕、裂縫、隱蔽處及縫隙處多畫上一些陰影，你就能在你的繪畫中創造出更多的深度。之後完成明暗的調和。

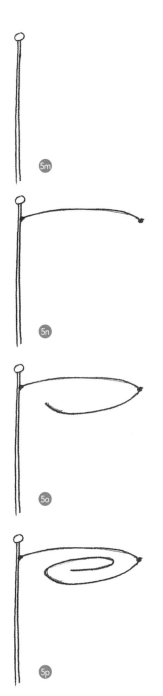
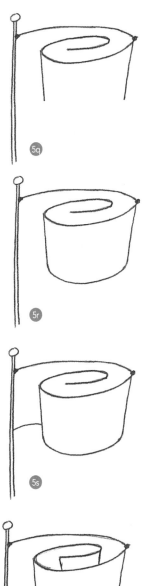
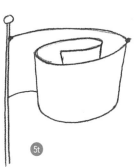
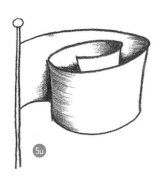

我知道在這一堂課中，這算是有點份量的暖身練習。你做得很好，也很有耐心地配合著畫出碗，以及三面獨立的旗子。我們現在將會使用你剛才學會的技巧來畫玫瑰花。

6. 畫一個前縮透視的碗，並加上莖。

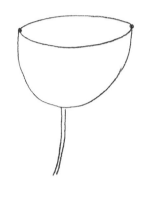

7. 在玫瑰碗（知道這個雙關語嗎？＊）的中間，畫出一個引導點。

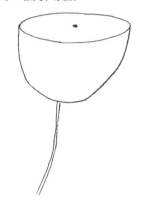

8. 開始用螺旋線條畫出一個圓形玫瑰花瓣。

9. 繼續畫螺旋狀，畫的時候要讓這些螺旋狀的前縮透視圓形看起來像是被擠扁的，這將會讓立體的玫瑰花蕾成形。

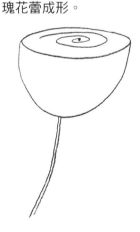

10. 在花瓣的中心區完成螺旋的線條。擦除多餘的線條。

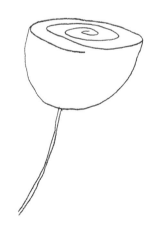

11. 使用第一條窺視的厚度線條，畫出玫瑰花瓣中心區的厚度。

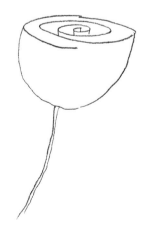

＊編註：「玫瑰碗」（Rose Bowl）又指年度性的美國大學美式足球比賽，因舉辦於碗狀大型球場而得名。

12. 畫出下一個在外圍的窺視線。

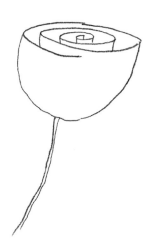

13. 畫出剩下的厚度線。砰！就是這個——美麗玫瑰花的深度誕生了。

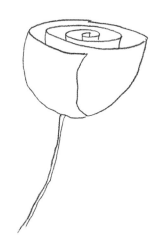

14. 畫下非常深、非常小的隱蔽處與縫隙的陰影。注意，我甚至將沿著玫瑰花瓣邊緣的地方都畫深了。

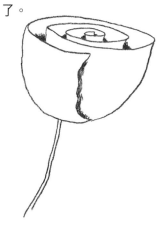

15. 將光源處設置在右上方，並在每個背對光源、具有弧度的表面上調和明暗。在莖上面畫上幾根玫瑰花刺，並且畫出葉子。

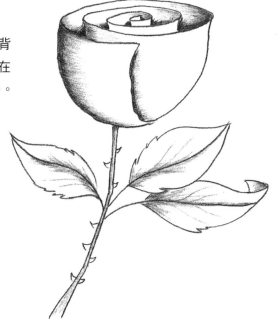

第 9 課：額外挑戰題

看一下我的素描本內頁，來激發你畫出一整束花的靈感。
試著自己畫出這一束六朵的玫瑰花。

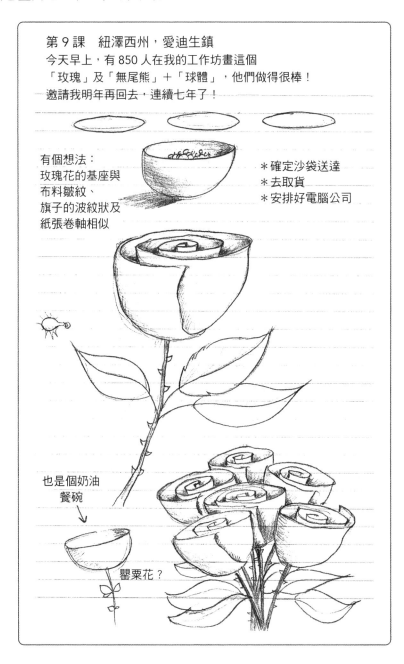

學生範例

看著這些學生在這一課完成的美好畫作，備受激勵並好好去練習吧！去畫吧！去畫吧！去畫吧！

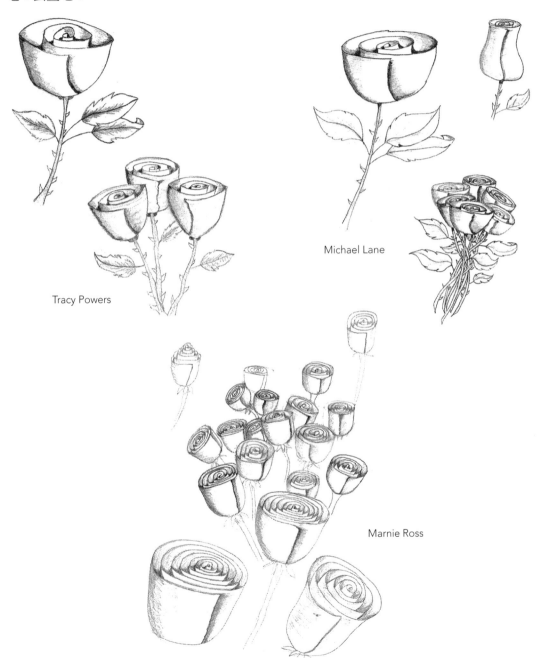

Tracy Powers

Michael Lane

Marnie Ross

你可以在這頁盡情揮灑創意！

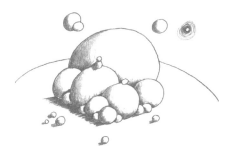

圓
柱
體

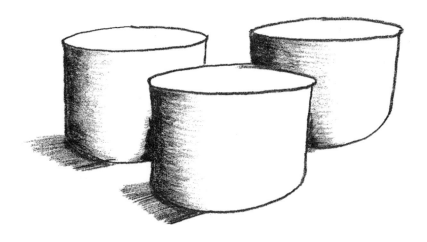

在前幾課中，我們已成功地征服了球體，以及它的多種變體。我們也有自信地畫出了立方體和它的數種變體。在這一課，我們將要征服另一樣繪畫的基石：圓柱體。

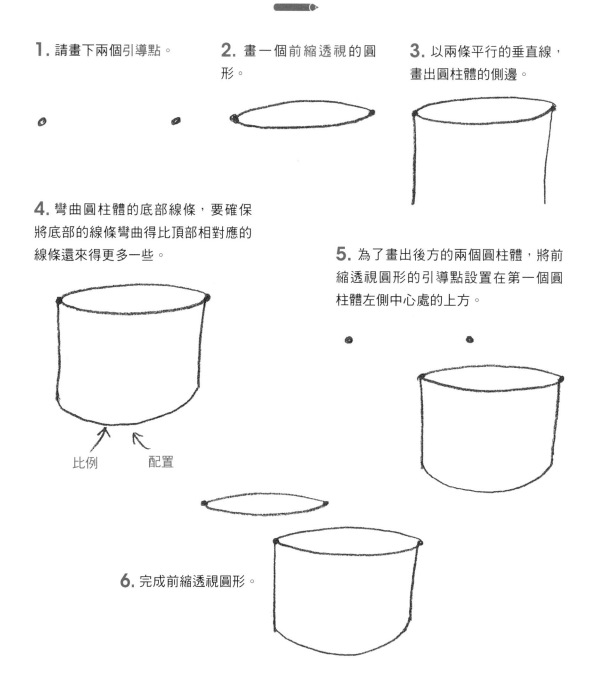

1. 請畫下兩個引導點。

2. 畫一個前縮透視的圓形。

3. 以兩條平行的垂直線，畫出圓柱體的側邊。

4. 彎曲圓柱體的底部線條，要確保將底部的線條彎曲得比頂部相對應的線條還來得更多一些。

比例　　配置

5. 為了畫出後方的兩個圓柱體，將前縮透視圓形的引導點設置在第一個圓柱體左側中心處的上方。

6. 完成前縮透視圓形。

7. 畫出第二個圓柱體的側邊。使用**重疊法則**，將右側的邊線塞進第一個圓柱體後方，創造出深度的視覺錯覺。

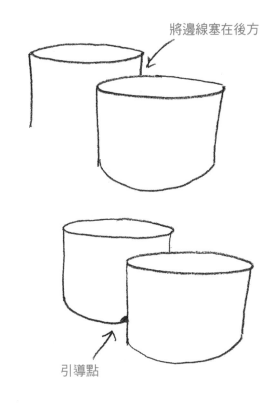

將邊線塞在後方

8. 彎曲第二個圓柱體的底部線條。要確保將這條底部的線向上推，並且要畫在較近的第一個圓柱體後方。一般人會傾向將這條線與第一個圓柱體的底部一角相連 —— 我不知道為什麼，但大多數學生都會這麼做。你可以看到我在右圖第一個圓柱體的左側位置，放入了一個配置線條的引導點。

引導點

9. 在第一個圓柱體的右側中心處上方，畫上前縮透視圓形的引導點，好畫出第三個圓柱體。

10. 畫出前縮透視圓形。要留意第二排的圓柱體是如何畫得比第一個圓柱體還稍微小一點的。用**重疊**、**比例**及**配置法則**，完成第三個圓柱體。

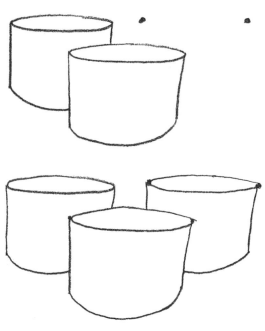

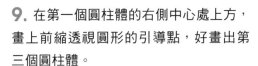

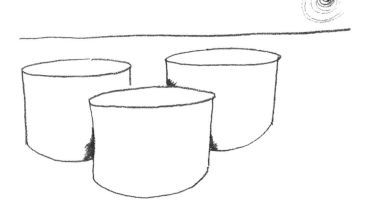

11. 畫下視平線並設置光源處。接著,我喜歡將小的、暗的隱蔽處與縫隙的陰影畫深,來作為我進入明暗程序的起頭。

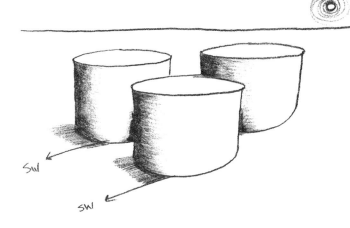

12. 完成這幅三個圓柱體的繪圖。在背對光源的地方加上投射陰影及調和明暗。要確保自己使用了西南向的引導線,來正確地畫出投射陰影。

第 10 課:額外挑戰題

　　好了,現在我們已準備好要將繪畫課程中的所學運用到真實世界中。到你們家的廚房裡,找出尺寸相同的三個濃湯罐頭、三個鐵鋁罐裝汽水,或是三個馬克杯。將這些放置在你的廚房桌子上,並將它們排列成如同我們剛才畫的那些圓柱體的位置。

　　坐在靜物前方的椅子上。注意一下,罐頭頂部與我們所畫的前縮透視形狀不太一樣。這是因為你的視線高度,比你在圖畫中所假想的視線高度,還要高出許多。將你自己推離桌子一點,降低你的視線高度,直到罐頭的頂部看起來符合我們剛才所畫的。用你的視線高度來做一下實驗,將你的雙眼視線移動到更低的地方,甚至低到你看不見罐頭頂部。

這個實驗帶你稍微看一下所謂的**兩點透視法**（two-point perspective），我們在之後的課程就會學到。

　　現在請站起來，看一下前縮透視的罐頭頂部所出現的變化。它們擴張了；它們展開到幾乎成了完整的圓形，取決於你的視線高度在哪裡。

　　充分了解九大繪畫基本法則，將使你有技巧地畫出任何在你生活周遭所見的物體，或是在任何情況下所創造出的假想物體。現在，請隨手拿九個罐頭或馬克杯（尺寸不同也可以）。以任何你想要的形式，將它們放置在廚房桌子的尾端。帶著你的鉛筆及素描本，坐到廚房桌子的另一端。注視著你的靜物。畫出你所見的。你也可以自在地在罐頭的下方放置一個箱子來提高它們的高度，創造出前縮透視感更強烈的觀點。當你畫下雙眼所見時，你將會認出自己在這些課程中所學過的詞彙。你會開始發現九大繪畫基本法則如何真正地被運用在現實世界裡，讓你能將看到的物品畫在你的素描本上。

　　這裡有個十分重要的重點：在每一幅源於你的想像或真實世界所繪的立體繪畫中，你總是會運用到九個法則之中的兩個或更多法則，沒有例外。在這一課裡，我們運用了前縮透視、重疊、配置、比例、明暗，以及**陰影法則**。

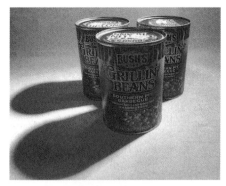

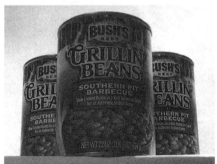

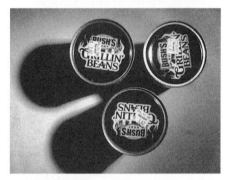

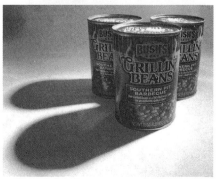

Jonathan Little 攝

學生範例

看一下學生蘇珊（Susan Kozloski）如何在她的畫作中，探索視線高度的改變。

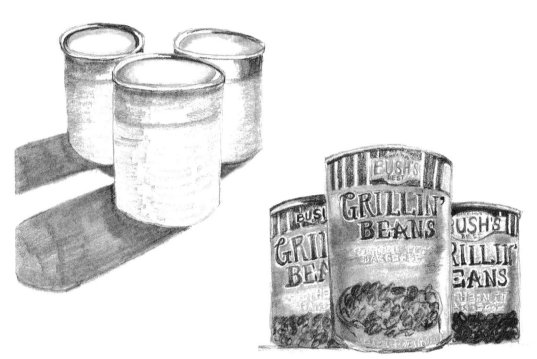

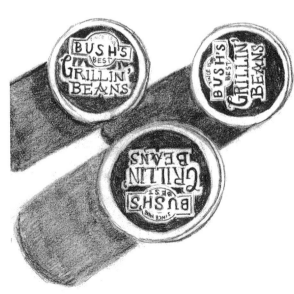

進階圓柱體

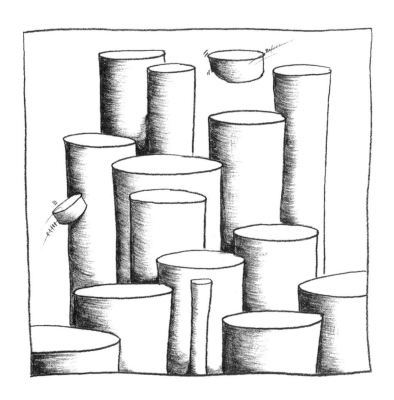

這一課將探索畫出多重圓柱體以塑造都市景觀的有趣視覺效果。我們將會練習重疊、前縮透視、調和明暗、陰影，以及隱蔽處與縫隙陰影等技巧。在我們練習這些技巧的同時，我們也將突破並拓展我們對九大繪畫基本法則的認知。看看上一頁本課的圖示。

　　以九大繪畫基本法則來看，畫作中每一樣事物看起來都井井有條，畫得很恰當。但是，仔細看最低處的那座圓柱塔。它看起來比周遭其他幾座塔都來得小，所以依據九大繪畫基本法則，它應該看起來比較遠，是不是？這就是一個部分繪畫法則勝過其他法則的例子——最低處的圓柱塔看起來還是比較近，因為它重疊在其他較大的圓柱塔前方。很有趣，對吧？重疊法則永遠會勝過比例法則。

　　還有一個例子會改變你的看法。看看那兩個在空中盤旋的圓柱體。較大的那一個可能比較近，也可能比較遠，我們沒有任何能作為參考、判斷它位置的事物。它並未重疊在任何事物前方，無法顯得比較近；它也沒有投下任何投射陰影，好讓我們判斷它處在其他事物的正上方或旁邊。在這種情況下，比例法則無法提供我們任何判斷它位置的線索。但相對來說，看看左側盤旋空中較小的那個圓柱體。它重疊在其他座塔前方，又投下了投射陰影，我們可以判斷出它比較近。如果我將中間那個盤旋的圓盤稍微畫在一座塔的前方或後方，我就能為觀者提供參考的背景資訊，判斷出那個圓盤位在哪裡，消除目前這個令人困惑的視覺錯覺。

　　了解這些九大繪畫基本法則之間的關係，能幫助你在畫作中有效且自信地解決物體位置的問題。在之後畫〈樹〉及〈兩點透視法——城市〉的課程中，我們會學到更多決定事物位置的方法，讓畫面中的深度看起來不再那麼含糊。

　　現在，我們來畫畫吧！

1. 畫出一個占去你整個素描本內頁的大框架。有時,將你的畫放在一個畫好的框框內是一件很好玩的事,就像我在自己的素描本內頁中所畫的無尾熊、球體和這些圓柱塔一樣。

2. 使用引導點畫出第一個前縮透視的圓形。

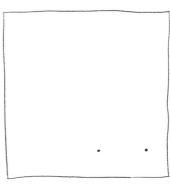

3. 畫出更多前縮透視的圓形,一些畫得大,一些畫得小。

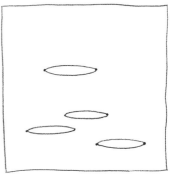

4. 當你繼續畫出更多前縮透視圓形時,請確保自己將其中一些圓形放在框架中較高的位置。

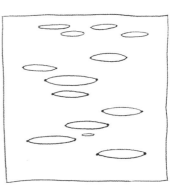

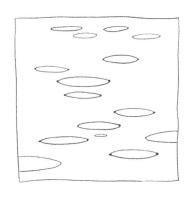

5. 再畫上幾個稍微超出框架的前縮透視圓形。這些微微探出的圓柱塔會帶來很好的視覺效果。在我的學生之中，有幾個人已經在 DC 漫畫及漫威漫畫公司 * 從事繪畫工作。我總是向他們請教一些可以與我的學生分享的技術。也許我一直重覆聽見也最有價值的，就是將物體畫得稍微超出框架一點的技巧。

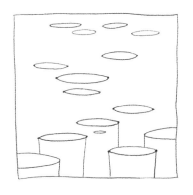

6. 在位於最低處的前縮透視圓形上，畫出往下延伸的垂直邊線。當你要畫一幅像這樣的全景畫時，要先處理畫面中位於最低處的物體細部。為什麼呢？因為最低處的物體會重疊覆蓋在圖畫中其他的每樣物體上。如果你要畫的是太空中的行星群，那麼你就不需要非得從最低處的物體開始畫不可（想想電影《星艦迷航記》的開場片段，或是《星際大戰》中的太空場景）。當你在畫飛翔中的鳥群時，你也不一定要先畫最低處的鳥；畫面中位置最高的鳥可能會畫得大一點，重疊覆蓋住其他位於低處較小的鳥兒。在這兩種場景中，重疊法則的效力會勝過其他所有法則。

---

* 譯註：DC 漫畫（DC Comics）是美國的一家漫畫出版公司，前身是成立於 1934 年的國家聯合出版公司（National Allied Publications），現為美國漫畫與相關媒體市場中最大、最成功的公司之一。漫威出版公司（Marvel Publishing, Inc.），普遍稱為漫威漫畫（Marvel Comics），是一家美國的漫畫公司。

7. 持續在最低那一排的圓柱塔上，畫出往下的垂直邊。

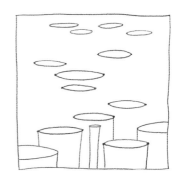

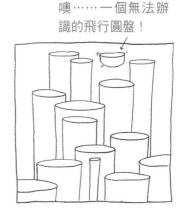

噢……一個無法辦
識的飛行圓盤！

8. 專心於重疊法則上，畫出每個前縮透視圓形中重要的
窺視線。

　　注意：要避免將兩個圓柱塔的邊畫成像下圖這樣。

　　假如發生了這種情形，只要稍微將圓形擴大一點，確定它足夠大到能夠重疊在其他圓
柱塔的後方或前方即可。這個將物體「襯托」出來的技巧，足以避免它的邊緣線與前方圓
柱體的邊緣線條相互融合。這是個很小卻很有幫助的訣竅，你可以把它加進你的繪圖工具
箱中。

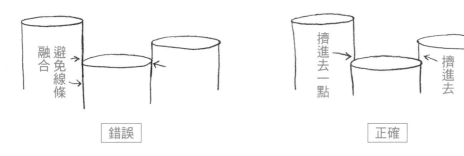

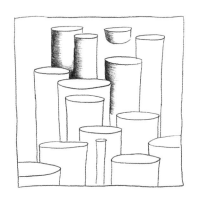

9. 完成全部的圓柱塔，從框架中最低處移動至最高處。

小提醒：當你在畫這些圓柱塔時，有一個你也許會遇到的小問題。當你將手移動至高處畫圓柱塔時，你繪畫的那隻手會將位於較低處的圓柱塔弄糊。有一個簡單又實際的解決之道，就是放置一小張乾淨的描圖紙在你整個已繪好的部分上方，將你的手放置在描圖紙上，再接著畫下一排。畫好之後再拿起描圖紙，重新放在更高的位置上。別用你正在繪畫的那隻手將描圖紙往上推。我在每一幅以鉛筆和墨水完成的圖畫中，都會運用到這個以描圖紙作為防護的技巧。

　　開始在圓柱塔最上面那排畫上隱蔽處與縫隙的陰影，然後利用你的描圖紙，一排一排往下畫。在這個畫上小細節的階段，你一定會想要避免將你的畫弄髒的。我很難告訴你，究竟我有多少幅花了三十個小時、即將完成的畫作，是在這個為畫作頂端補上最後細節的階段塗污的。千萬不要弄髒了！

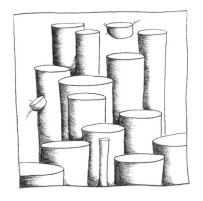

10. 完成剩餘圓柱塔的明暗調和。

第 11 課：額外挑戰題

在那有著「如高塔般高聳的成就」之後,讓我們改變繪畫的方向,練習前縮透視圓形、比例、配置、明暗、陰影及厚度:來畫一大片的坑洞吧。由於這些前縮透視的圓形是在地表上,所以這些坑洞的厚度將會位於前縮透視圓形的頂部。這是個好玩的挑戰。好好享受吧!

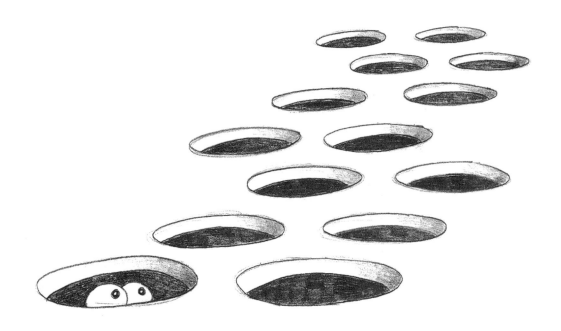

學生範例

看看這些學生如何活用他們的想像力及繪畫技巧。

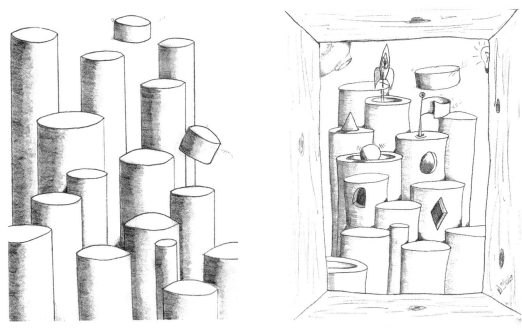

Tracy Powers

Michael Lane

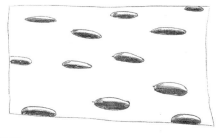

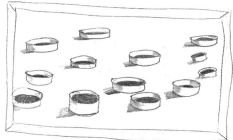

Ann Nelson

用立方體構圖

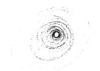

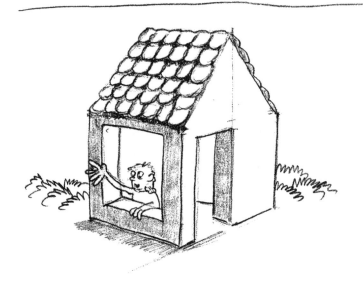

讓我們簡潔扼要地重述一下，我們目前在這三十天的旅程中已經到達的地方。你已能熟練地畫出調和好明暗的球體、多重球體及堆疊的球體。你已學會了如何畫立方體、變體的立方體、多層的立方體建築物，以及用桌子堆疊成的高塔。還有，最重要的是，你知道如何運用繪畫的羅盤方位：西北向、西南向、東北向和東南向。現在你將使用這些技巧，來畫出更多現實生活中實際存在的物體。在這個章節裡，你會先畫出一間房屋來作為開端；然後你會再畫出一個信箱。

1. 用非常輕的筆觸，輕輕地畫一個立方體。

2. 在立方體底部的右邊邊線中間處，畫上一個引導點。

3. 從這個引導點，往上輕輕地畫一條垂直線。這將會引導我們創造出房屋的屋頂。

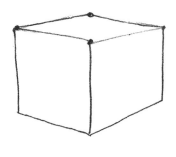

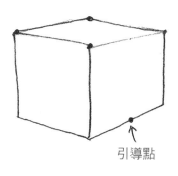
引導點

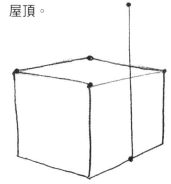

4. 連接前方屋頂的兩條斜坡線條。請留意，近處的斜坡線條要比遠處的還要長一點。

5. 用你已畫出的線來當成參考，畫出屋頂頂部，要小心不要將這條線的角度移動得太高。為了避免這個情況發生，請回去參照你最初畫的西北向線條。

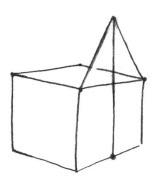

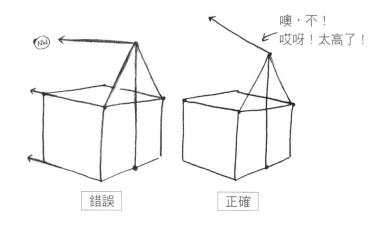

噢，不！
哎呀！太高了！

錯誤　　　正確

6. 用與屋頂前方邊緣吻合的傾斜度，畫出
較遠一側的屋頂。我在畫房屋時發現，假
如將較遠一方的屋頂邊緣，傾斜得比較近
的屋頂邊緣還要小一點，對於創造立體感
會有很大的幫助。

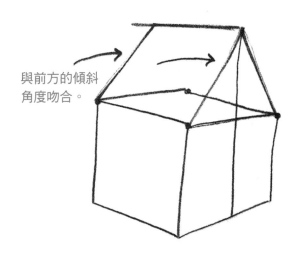

與前方的傾斜
角度吻合。

　　這只是兩點透視法中視覺錯覺的一部
分。我們將在稍後的章節中，實際演練更
多透視法的法則。我就是想要刺激你對於
充滿挑戰的新繪畫課的胃口！看看這有多
迷人：房屋的線條與繪畫羅盤方位的西北
和東北線條平行，而所有線條又匯聚在房
屋兩側的消失點上。事實上，你已經在你
的立體繪畫中有效地用上了這兩點透視法
的技巧，而你甚至沒有察覺！

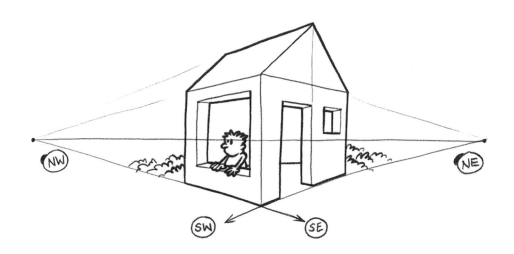

　　現在，花短暫的片刻來想一下這件事：你已經有效地在你的立體繪圖中使用兩點透視
法，但你一點都沒有發覺！是不是很令人驚喜！

　　在三十年的繪畫教學期間，我了解到要向學生介紹畫立體繪畫所帶來的興奮，最好的
方式就是提供他們立即的成功。立即的成功會激起樂趣、熱忱，甚至更多的興趣。有了更
多的興趣，就激發了更多的練習。更多的練習，就建立起了信心，而信心會延續學生渴望

再學習更多的心。我將這個過程稱為「永續學習成功循環」。在這些課程之中，我們理解到繪畫絕對是一項可學習的技能；此外，學習繪畫可以大幅地增進你的溝通技巧，繼而為你的生活帶來非凡的影響。我已經親眼目睹了過去在許多個學生身上發生的變化，他們成功發揮了自身的潛能，成為有創意的教師、工程師、科學家、政治家、律師、醫師、農夫、NASA 太空梭工程師，以及──沒錯──頂尖的藝術家和動畫師。

7. 在房屋上方畫出視平線，並設置你的光源處。擦除多餘的引導線。

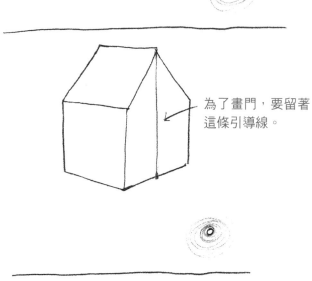

為了畫門，要留著這條引導線。

8. 用你已經畫好的西北向線條作為引導線，輕輕地描出屋頂上的木板。畫出西南向的引導線，在地面上加入投射陰影。沿著屋頂基底，加深它的下方陰影。你將它畫得愈深，就愈能讓牆壁朝屋頂內縮進去，創造出畫面中的深度。

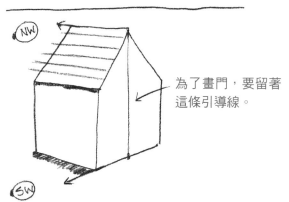

為了畫門，要留著這條引導線。

9. 完成這個簡單、有著木板屋頂的房屋。將近處的木板畫大一點，愈往較遠一側的屋頂移動，木板就變得愈小。畫出窗戶，讓線條與外牆的邊緣線條相互平行。畫門的時候也一樣，將門的垂直線條與房子的中間和右側線條平行。我也潦草地在房屋兩側塗畫了一些矮樹。繼續多畫一些吧！灌木叢和矮樹是很有趣的細節。

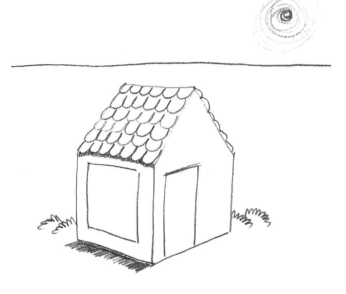

10. 加入窗戶及門的厚度。畫出明暗，完成畫作。
做得好！你已經畫出一棟在大草原上的可愛小房子。

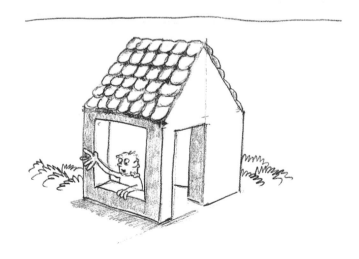

第 12 課：額外挑戰題

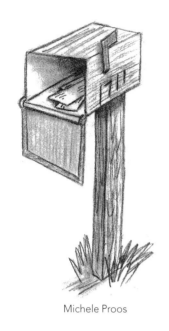

Michele Proos

本書的主要目標之一，是讓你了解到這些像是立方體、球體等基礎形狀，是如何變成現實中的事物的。

看一下我的學生蜜雪兒所畫的信箱。試著自己畫出這個信箱。從一個立方體開始，將它轉化為一個信箱。將立方體的左側或右側塑造為信箱的正面，端看你想怎麼畫。要再次注意，信箱正面較近的邊緣線要畫得比遠處的邊緣線更長，這又是另一個以比例法則創造出深度的例子。畫出樁柱與信箱的細節。看看深遂的下方陰影如何將樁柱推入信箱下方。再畫上更多細節，以完成你的立體信箱。這些小細節 —— 郵政旗幟、手把、街道地址，以及最重要的木頭質感 —— 能完美地完成這幅畫。

學生範例

提供你一些學生範例，鼓勵你每天練習繪畫！

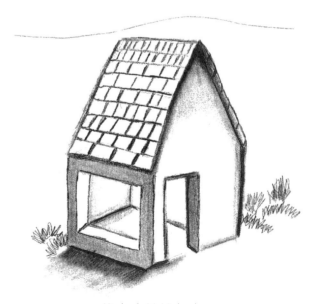

Kimberly McMichael

第 13 課

進階房屋

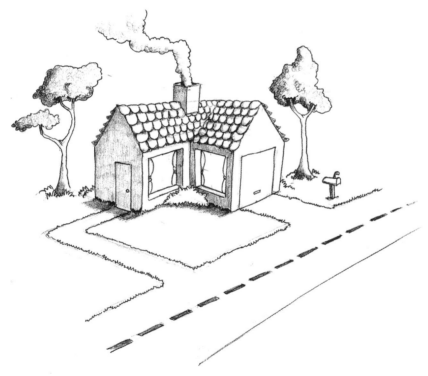

在這堂課程中，你能學會畫出更精細複雜的房屋所需的技巧。

1. 在這個步驟中，先重畫一個在第十二課裡學會的簡單房屋繪圖。

2. 為了畫出房屋的左半部，以西南向的線條作為參考的角度，畫出地面上的線條。

3. 持續地檢查西南向的參考線。現在，快速地畫出下一條西南向的線條，作為牆壁的頂部。

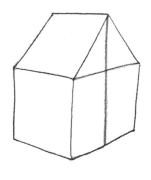

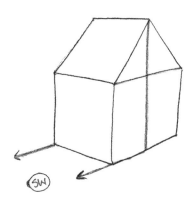

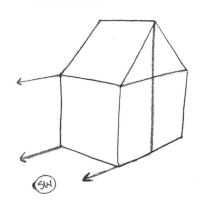

4. 畫出房屋最近一角的垂直線，並以西北向線條畫出左側的底部。

5. 你剛才所畫的線條，就是你現在要畫的西北向線條的參考線。運用這條參考線畫出牆壁頂部。

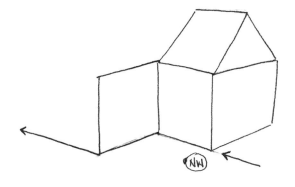

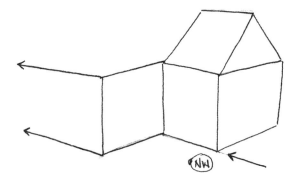

6. 畫出左側牆壁較遠的那條垂直線。在這面牆的底部中心處畫一個引導點。

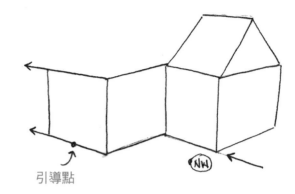

7. 從你的引導點往上畫一條垂直的引導線,來設置屋頂的頂端。

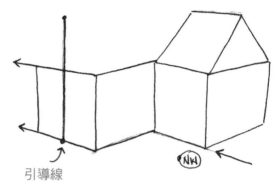

8. 畫出屋頂的尖端,務必將較靠近你的邊緣線明顯地畫得比後方的邊緣線還更長。以一條東北向的線完成屋頂。擦除多餘的線條。

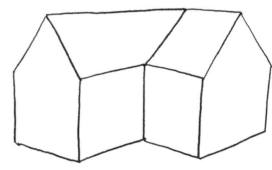

9. 用你已畫出的線條作為西北向及東北向的參考線,輕輕地用引導線畫出屋頂上的木板。加上門、窗戶及車庫。再次叮嚀,請確保每個細部的元素,都與西北向、東北向、西南向及東南向的線條平行。

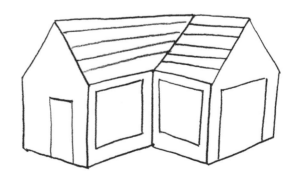

10. 完成你嶄新的房屋囉！多讓人興奮啊！但我們還有一些事得忙：搬家的卡車就快到了，但我們還沒鋪設好新的地毯。畫出明暗、陰影，以及在屋簷下非常深的下方陰影。放手去畫它。人行道和車道要嚴謹地依照引導線的角度去畫。看看我對你多有信心！這是非常難的元素，而我在沒有給你任何安全引導線的情況下，讓你自己去完成它！

就算只有一些引導線，你也能畫得很好。大膽去做吧，你也能描繪出幾棵樹和矮樹叢，再加上我們在第十二課中額外挑戰題畫的超棒信箱。

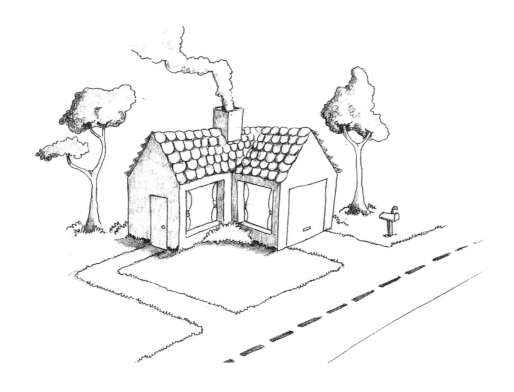

第 13 課：額外挑戰題 1

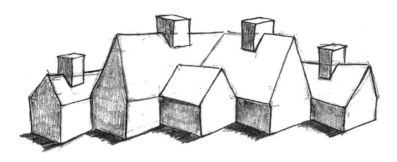

　　在你試著自己畫這幅畫之前（我知道你以簡單的步驟就能成功地完成這幅畫），我想要你先描過這棟建築物三次。「什麼！」你驚訝又震驚地驚呼，「描它？但，那是一種欺騙的手法呀！」不，不是的，我不同意你的想法。

　　三十年來，我一直向我的學生宣導，並總是鼓勵他們去描摹圖畫。我鼓勵他們去描摹超級英雄漫畫、星期天刊載的漫畫，以及雜誌上的臉、手、腳、馬匹、樹木，還有花朵的照片。描摹是一個很棒的方式，能使你真正了解如此多的線條、角度、曲線和形狀是如何拼湊在一起，形成一個圖像。想想文藝復興時期的優秀藝術家、畫家、雕刻家，如拉斐爾、達文西、米開朗基羅，他們全都透過描摹，來幫助他們學習如何繪畫。我與那些在迪士尼、皮克斯、夢工場的同事討論過這個老掉牙的美術教育問題。他們每個人都毫不遲疑地回應，描摹大師作品真的讓他們在就讀高中及美術大專院校時期，學會了如何繪畫。

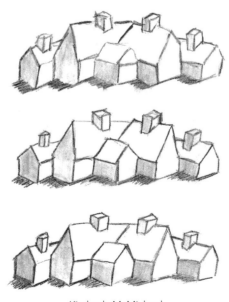

Kimberly McMichael

第 13 課：額外挑戰題 2

要嘗試這一項挑戰題，請到我的 YouTube 頻道：https://www.youtube.com/watch?v=OFeB-QGQpAg（做好心理準備，你在畫畫時會需要按很多次電腦螢幕上的暫停鍵）。

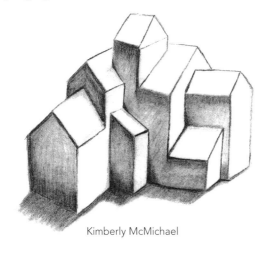

Kimberly McMichael

https://www.youtube.com/
watch?v=OFeB-QGQpAg

學生範例

看一下幾幅學生的繪畫，並將他們每幅畫作中不同的風格，與你的繪畫做個比較。

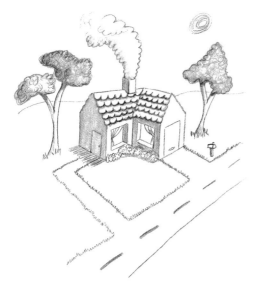

Michele Proos

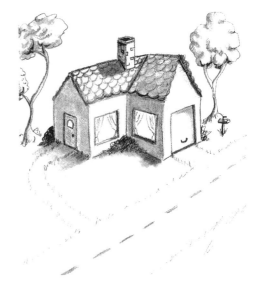

Suzanne Kozloski

海芋

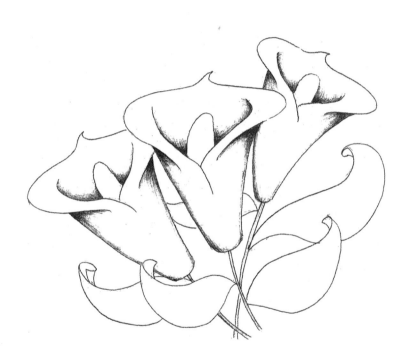

這一課將會強調一種簡單但重要的線條：S 形曲線。在你結束這一堂課程之後，到你家（或任何你在的地方）附近走走。我要你帶著你的素描本，寫下或描出六個含有 S 形曲線的物體（像是樹幹、窗戶的布簾、花莖、嬰兒的耳朵、貓的尾巴）。你將會驚訝地發現，一旦你打開藝術家的眼光，它們竟是如此顯而易見。這個練習會幫助你注意到 S 形曲線，在我們的美學世界中有多麼重要。

1. 用一條優雅的 S 形曲線開始畫第一朵海芋。

2. 將另一條稍短一點的 S 形曲線，塞到第一條曲線的後方。

3. 運用你稍早從課程中學到的畫前縮透視圓柱體的方法，畫出一個打開的前縮透視圓形，創造出花瓣。

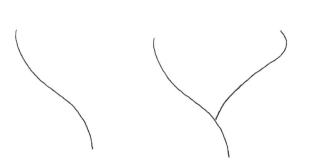

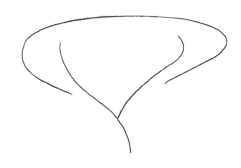

4. 畫出花瓣邊緣的尖端。讓花朵的邊緣線呈錐形，也就是將花瓣的邊緣一面往下畫一面往內縮，畫出花朵的鐘形形狀。

錐形是繪畫中十分重要的概念之一，既然你現在認識它了，之後你就會開始在每個地方都注意到它的存在：你的孩子從肩膀到手肘的手臂線條是錐形，從手肘到手腕也是；一棵樹的樹幹從底部一路往上到枝枒的線條，也是錐形；你養的金魚魚鰭、你客廳裡的家具、你手中的雞尾酒杯，無一不是由錐形線條組成的。

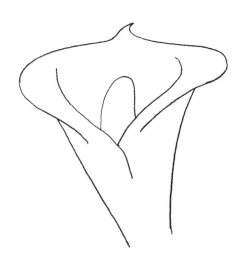

5. 畫出鐘形形狀的底部曲線。在此，我們運用了輪廓線的概念。彎曲輪廓線能使形狀輪廓分明，並賦予繪畫體積感（我們在下個章節會詳述輪廓線的概念）。鐘形形狀較近的那部分在紙面上會彎曲得比較低。畫出鐘形形狀中間的花柱。

6. 畫一些 S 形曲線，創造出葉片頂部。

用 S 形曲線來完成葉子！

7. 用稍微較誇張一點的 S 形曲線來畫出葉片底部。留意我如何用一些在〈玫瑰〉課程中學到的螺旋技巧，將葉片尖端塞到後方去。決定你要將光源設置在哪裡，再將隱蔽處與縫隙的陰影畫深。這就是讓畫作真的從紙面上立體地躍出的時刻！

畫深隱蔽處與縫隙的陰影！

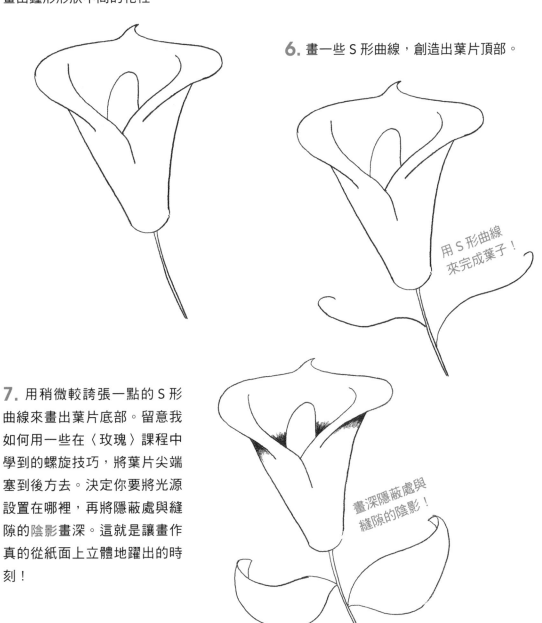

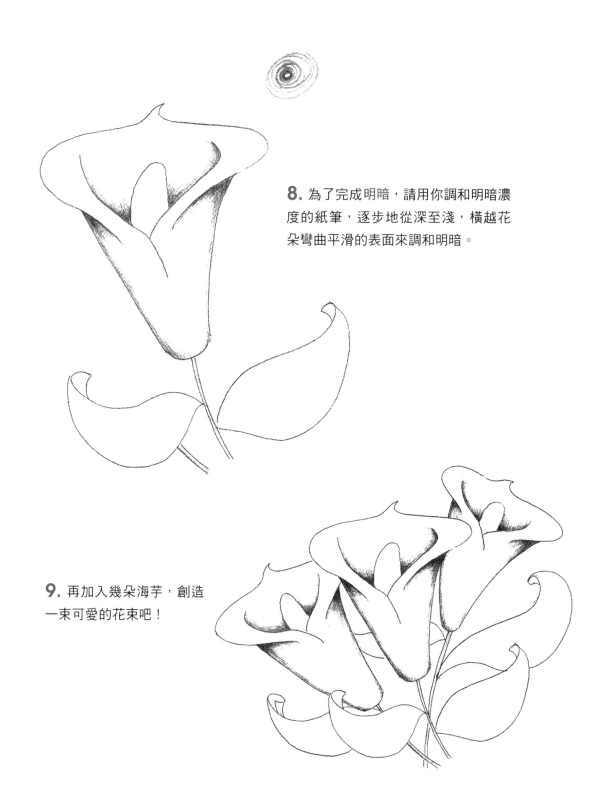

8. 為了完成明暗，請用你調和明暗濃度的紙筆，逐步地從深至淺，橫越花朵彎曲平滑的表面來調和明暗。

9. 再加入幾朵海芋，創造一束可愛的花束吧！

第 14 課：額外挑戰題 1

　　看一下這幅簡單的玫瑰與海芋變體。多畫幾朵，再接著創造出一打屬於你自己原創的獨特變體。

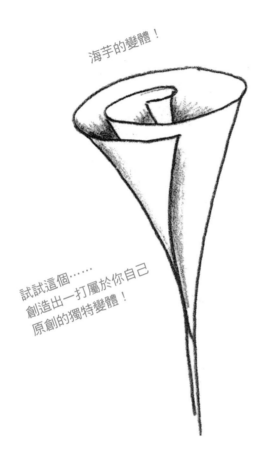

海芋的變體！

試試這個……
創造出一打屬於你自己
原創的獨特變體！

第 14 課：額外挑戰題 2

　　帶著你的素描本到你家、花園或辦公室四周蹓躂一下，然後寫下或畫下至少六個你看見 S 形曲線和錐形線條的事物或地方。

學生範例

我超愛這些學生所畫的範例。參考一下，並保持著畫畫、畫畫，每天都畫畫的動力！

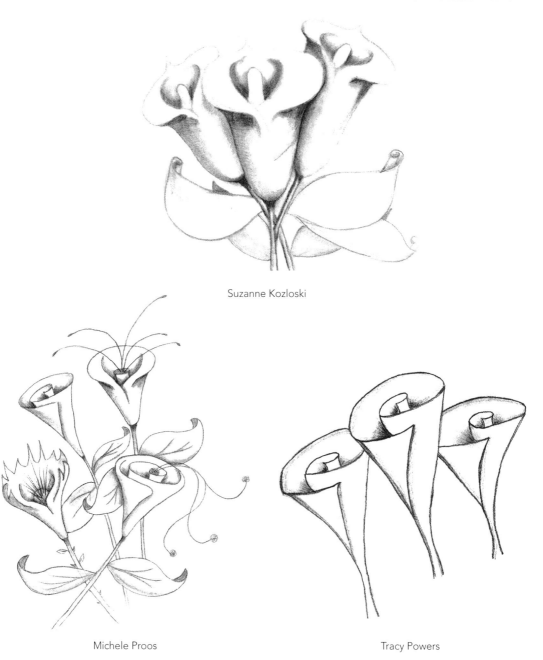

Suzanne Kozloski

Michele Proos

Tracy Powers

管形

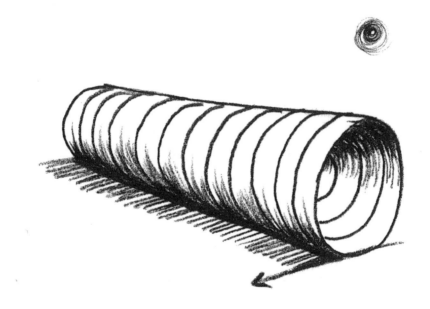

要有效地畫出彎曲的管狀物體，像是火車、飛機、汽車、樹、人，或甚至是雲，你必須先掌握住輪廓線。輪廓線在你畫人體時格外重要，手臂、腿、手指、腳趾，還有人體的其他大部分部位都會用到輪廓線。

輪廓線會包裹住彎曲的物體。它們賦予物體體積及深度，並使物體的位置更為明確。物體正在從你眼前移開，抑或是正朝向你趨近呢？物體正往上彎曲，還是正朝下扭轉呢？物體是否有皺紋、裂縫，或具有一種特定的質感呢？輪廓線將能解答這些問題，並帶給你更多視覺上的線索，讓你看出紙面上物體的立體性。在這一課裡，我們將會練習如何用輪廓線來控制管形的方向。

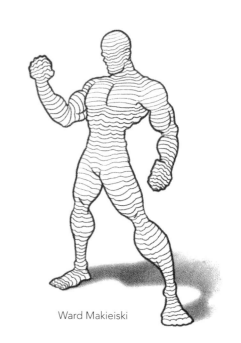

Ward Makieiski

1. 畫一個繪畫方位參考立方體。

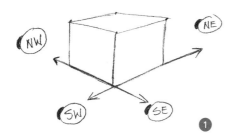

2. 將繪畫方位參考立方體的東北向線條當成參考線，輕輕地畫出一條東北向的引導線。

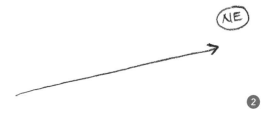

3. 畫個引導點，為管形末端的前縮透視圓形定位。

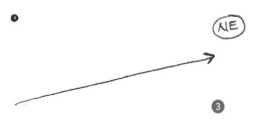

4. 畫出管形末端的垂直前縮透視圓形。

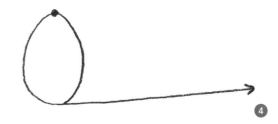

5. 用你已經畫好的東北向線條當成參考線，畫出管形的厚度，將這條線由圓形最頂端開始畫出。注意圖示中的這條線比底部的線稍微更傾斜一點，讓管形在逐漸從你的視線遠去時呈現錐形形狀。這就是比例法則在這幅畫中的應用。這些線條最終會在遠處的消失點匯聚在一起，在本書稍後的課程中，我們就會學到這項技巧。

6. 將管形遠處末端彎曲得比近處的邊緣稍多一些。比例法則不僅讓物體在遠離你時變小，也會讓物體變得扭曲。因此，較遠的邊緣線會比鄰近的邊緣線還要彎曲得多。

7. 開始在管形表面上畫出近處的輪廓線。注意，離你的視線愈遠的輪廓線，就會彎曲得更多一點。

8. 完成輪廓線。當它們離你愈遠，就將它們畫得愈彎曲。

9. 為了創造出空心管狀的錯覺，請沿著外部前縮透視圓形的邊緣線，畫出內部輪廓線。沒錯，即使是內部輪廓線，在它們離你愈遠時，也要畫得愈彎曲。

10. 設置你的光源位置。運用你內部輪廓線的弧度，在管形內部加上明暗。

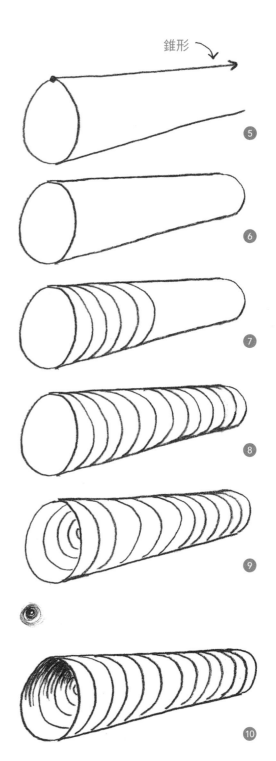

錐形

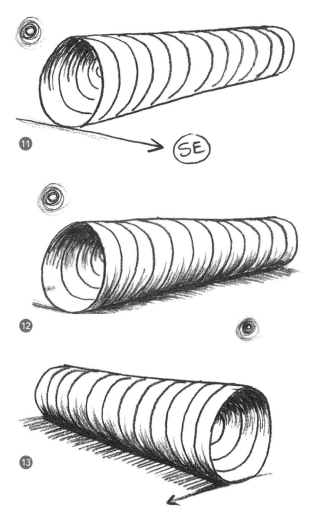

11. 以東南向的引導線畫出投射陰影。

12. 用彎曲的輪廓線畫出管形的陰影部分。這種以輪廓線來畫明暗的技法，對於創造出質感及立體形狀來說，是個極好的方式。

13. 用西北向的引導線畫出第二個管形。先畫上一個引導點，再畫出垂直的前縮透視圓形。接著畫出管形的厚度，管形要往西北向愈退愈遠。畫出管形外部的輪廓線。你看！你就這樣畫出了第二個管形，有著與第一個管形相反的方向。要決定紙面上事物的位置和方向，輪廓線就是非常有力的工具。為了畫出這第二個管形的陰影，將光源處放在右上方，並在背光處畫上陰影。

第 15 課：額外挑戰題 1

　　試試這個視覺實驗：抓住一個空的廚房紙巾硬紙捲軸。在位於這個管狀物的一側，用黑色麥克筆從管孔到管孔畫出一整排間距約為 2.5 公分的黑點。它看起來會像是一排的鉚釘或是拉鍊。現在，小心地從硬紙捲軸四周的每一個點畫出環繞的線條，然後再回到同一個點。將你的筆放置在點上，然後將硬紙捲軸朝遠離你的方向轉動，這樣畫起來會比較容易。重覆這個步驟，直到你在這個硬紙捲軸上畫出數個環狀。

拉長手臂，水平地將這個硬紙捲軸舉在你眼前。你畫的所有環狀線條看起來會像是垂直的線條。慢慢地將硬紙捲軸的一端轉向你自己，只要轉一點點就好。注意看原本的垂直線條現在如何被扭曲成輪廓線。用這個硬紙捲軸來做一點實驗，將它往前往後地扭轉。現在，請將硬紙捲軸折成一半，並且做一樣的前後扭轉。很有趣，不是嗎？看看現在輪廓線是如何以不同的方向，爬越這個硬紙捲軸的呢？看一下下圖，這是我在素描本內頁畫的長形彎曲管狀物。注意輪廓線如何控制了這個管狀物的方向。

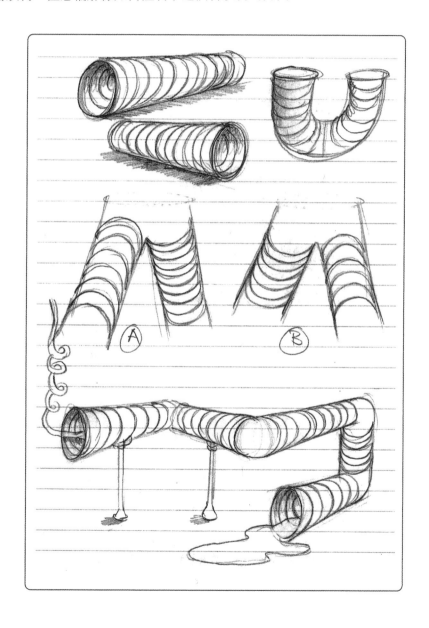

1. 現在，我要展現輪廓線將事物推入又拉出的本領。在第一張圖像裡，我想將左側畫得朝向你移動，而右側則往遠離你的方向走。看著我下圖的範例，並一起完成這個重要的練習。

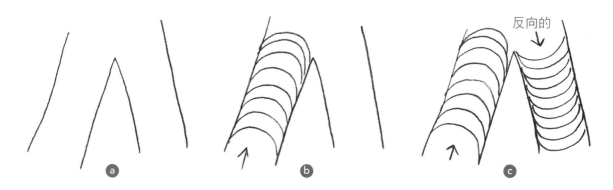

2. 我們現在要將第二張相同圖像的輪廓線畫成反向的。僅僅使用輪廓線，我們就能創造出圖像往不同方向移動的立體錯覺。在你的素描本中畫下這個具有輪廓線的管狀。

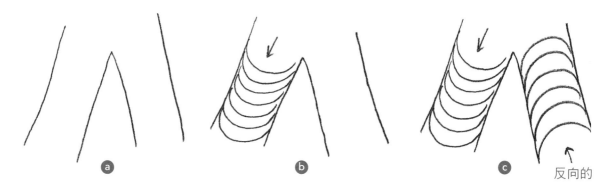

第 15 課：額外挑戰題 2

我一直都很喜歡米其林輪胎的商業廣告。這個以輪胎堆疊而成、栩栩如生的人物，對我來說，比起輪胎，更像是代表了雪人或柔滑冰淇淋的生物。不管怎麼說，這個米其林輪胎人是個非常好的範例，可以闡明輪廓線對形狀及方向的影響。上網搜尋「米其林輪胎人」，看一下這個用輪胎構成的傢伙。將這幅圖像記在心裡，讓我們來創造屬於自己的輪廓線小孩吧！我們會畫出兩個肩並肩的輪廓線小孩，來展示輪廓線充滿動態感的力量。

1. 輕輕地描繪兩個小孩的頭部和軀幹。

2. 描繪出雙腿，試著將這些原始的細節盡可能畫得完全相同，唯一的差異只有前縮透視圓形的位置 —— 它們在不同隻腳上，那隻腳就是向你跨出步伐的腳。

3. 描繪兩個小孩完全相同的雙臂，唯一的差別就是前縮透視圓形的位置，一個在左手，另一個在右手。

4. 好好地玩一下，畫出雙臂向外擺盪、雙腿跨步的模樣。在手臂及腿上畫出相反方向的彎曲輪廓線，好在你的繪畫中創造出完全不同的推入及拉出效果。

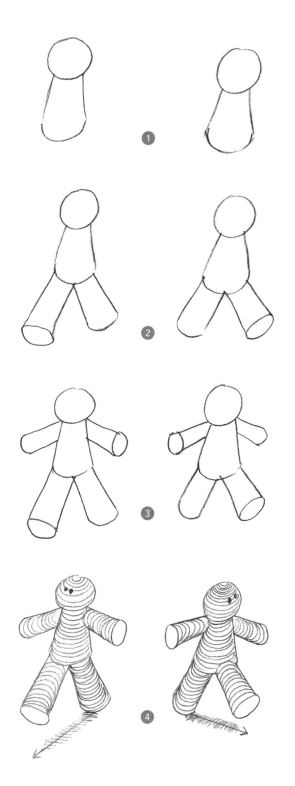

學生範例

你可以花好幾天的時間來做這個輪廓線的實驗。看一下一些學生範例。

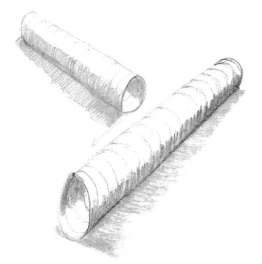

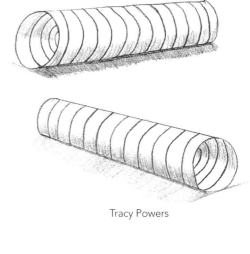

Tracy Powers

Suzanne Kozloski

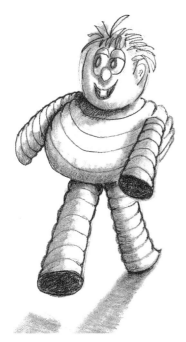

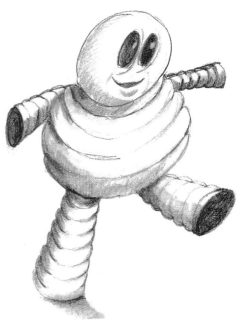

Suzanne Kozloski

Suzanne Kozloski

海浪

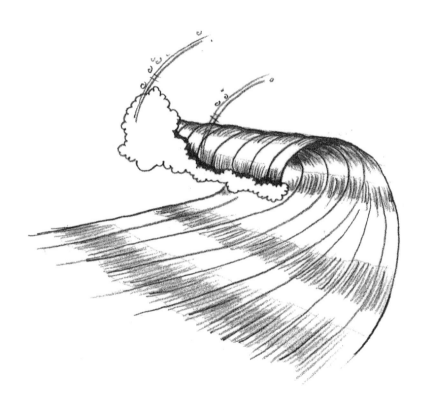

一個能運用你在第十五課中學會的輪廓線的有趣方法，就是畫出一道立體的海浪。這堂〈海浪〉課程是個很棒的例子，能讓你看見並畫出真實世界中的輪廓線。

1. 一開始，讓我們來描繪一個繪畫方位參考立方體，以便清楚地看見繪畫羅盤方位的角度。

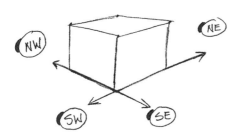

3. 描繪一個前縮透視圓形，開始塑造出海浪捲起的形狀。

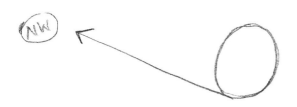

5. 畫上一個引導點，好畫出海浪捲起部分較近的一端。

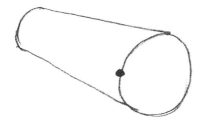

2. 輕輕地畫一條西北向的引導線。

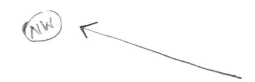

4. 用一條淡淡的、同樣往西北向延伸的引導線，畫出海浪捲起部分的頂部，這條線要與下方的西北向線條呈錐形。比例法則在這裡發揮了作用，讓捲起部分較大的一端看起來比較近。

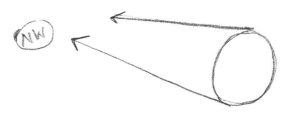

6. 隨著海浪捲起的彎曲度，創造出一條「流動的」線。從引導點開始，沿著前縮透視圓形的邊緣線往上，再隨著往下，然後將線條以西南向往前拋出。務必要用上你的繪畫方位參考立方體！

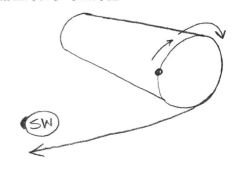

7. 好了,現在開始變得非常好玩了。我們要創造出海水捲過海浪上緣的錯覺。讓我們先畫一條西北向的引導線。擦除多餘的引導線和繪畫方位參考立方體。

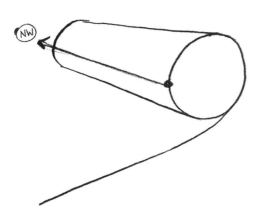

8. 開始沿著西北向引導線畫出泡沫。

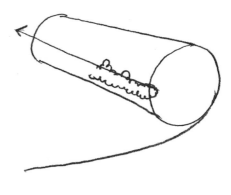
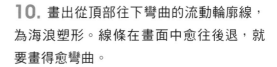

9. 將泡沫一路畫到最後方。注意,泡沫愈往後方,我就將泡沫迷霧的範圍畫得愈大。因為實際的管狀波浪是很快崩塌的,它會從前方開始剝落。

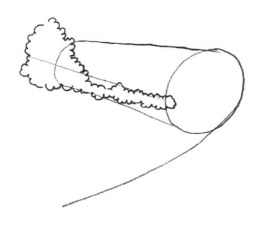

10. 畫出從頂部往下彎曲的流動輪廓線,為海浪塑形。線條在畫面中愈往後退,就要畫得愈彎曲。

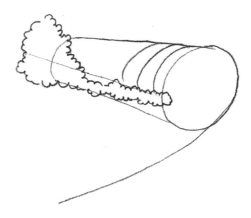

11. 完成海浪捲起部分的所有彎曲輪廓線。

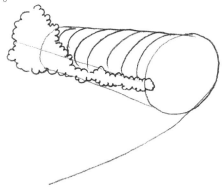

12. 讓我們將泡沫後方的隱蔽處與縫隙處加深,使泡沫的輪廓更為分明。

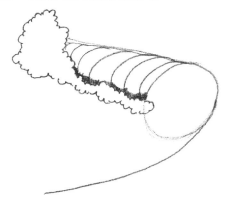

筆記:在這一刻,我問自己,我要繼續畫所有輪廓線嗎?要將這個區域的線條畫得更清晰嗎?還是我要開始畫上一點明暗?這就是繪畫有趣的一部分,也就是繪圖過程中有創造力的部分。以下幾個我們在過去幾堂課中發展出來的步驟,並不需要嚴格地依序遵守:

1. 輕輕地描、畫出形狀,讓物體成形。
2. 修飾畫作,並讓線條更清晰。
3. 畫上明暗和陰影。
4. 將邊緣線條加深,並加上重點細節。
5. 清理多餘的線條。

有時候,事實上是大部分時候,當我沒有在教課,只是自己私下畫些圖時,我會完全忽略這些順序,只憑靈感和感覺去畫。在你學習繪畫技巧的過程中,這是一個令人興奮的階段,也是一個轉捩點:你從一位跟隨引導者腳步的學生,轉變為透徹地了解創作過程、自信且自在地在繪畫中獨自暢遊的創作者。

13. 繼續在波浪底部畫出更多細節。畫出更多流動輪廓線。

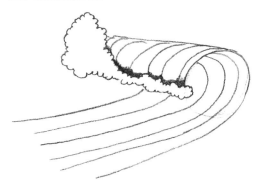

14. 畫上幾條西北向的引導線。這些線條會幫助你畫出在海浪表面上閃爍的光線反射。

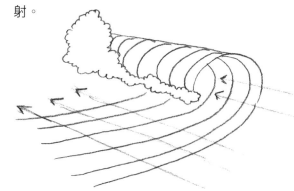

15. 用較深的清晰線條畫出海浪外圍。畫出海浪捲起部分底下的陰影。務必要調和明暗，愈靠近反射光線的區域，就調和得愈淺。

加上動作線條，完成這幅畫。動作線是個迷人又有趣的細節，能透過視覺使你的觀者被深深吸引。看看我的動作線是如何朝海浪移動的方向波動的。在你的海浪上畫出這些流動的線條。

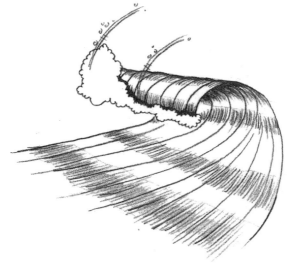

第 16 課：額外挑戰題

讓我們將畫海浪時學得的技巧，運用在另一幅有趣的繪畫裡：噴射雲。練習畫出重疊的泡沫、深陷處（隱蔽處與縫隙）的陰影和動作線。儘管到網站上和我一起畫出這個額外挑戰題吧：

www.youtube.com/watch?v=A5wkSykqG-E

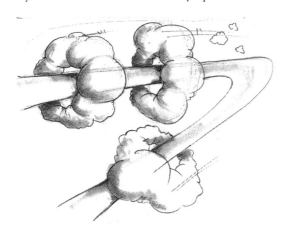

www.youtube.com/
watch?v=A5wkSykqG-E

學生範例

看一下這些學生在這堂〈海浪〉課程中的繪畫。看見其他學生的作品，能幫助你建立每天繪畫的動力，對吧？

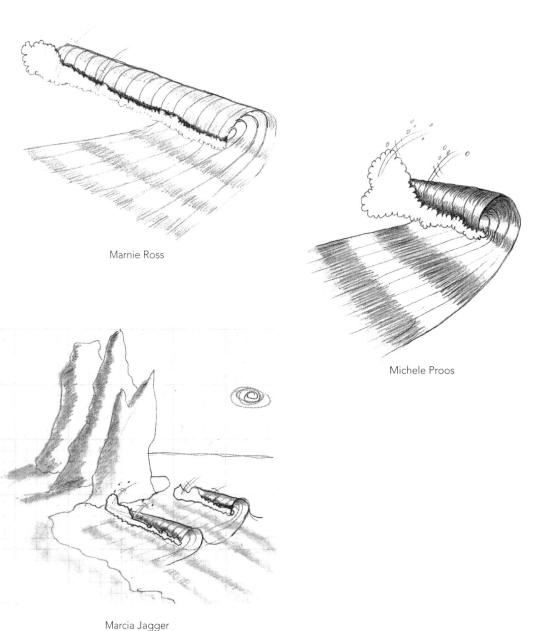

Marnie Ross

Michele Proos

Marcia Jagger

波紋狀的旗子

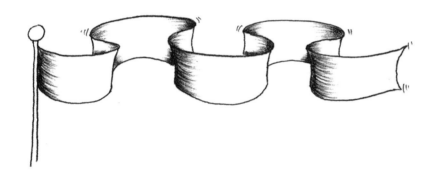

接下來的兩堂課對於學習如何畫旗子、卷軸、窗簾、衣服、家具防塵套等事物來說，都是很棒的課程。室內裝潢設計師、戲劇藝術指導及時尚設計師都必須精通於畫出滑動布料的技巧。

　　這一堂課也是一個很棒的練習，會運用到九大繪畫基本法則中的許多法則。這些法則全都互相配合，創造出波紋狀旗子上的深度與視覺推拉等錯覺。

1. **前縮透視**：旗子頂部的邊緣，是用前縮透視圓形扭曲而成的。
2. **重疊**：一部分的旗子摺疊在另一部分前方，使用重疊法則來創造出近與遠的錯覺。
3. **比例**：一部分的旗子畫得比另一部分還大一點，創造出視覺上深度的突出感。
4. **明暗**：將旗子的背光部分畫得比其他部分還要深一點，創造出深度感。
5. **配置**：將部分旗子在紙面上的位置畫得比其他部分還低一點，創造出近與遠的錯覺。

---

1. 先畫一根高的垂直旗桿，作為開始。

2. 畫出四分之三個前縮透視圓形。讓它維持壓扁的形狀。

3. 描繪三個併排在一起的前縮透視圓柱體，就如同我在下圖所畫的一樣。現在，沿著這些圓柱體的頂部邊緣，畫出旗子的頂部。

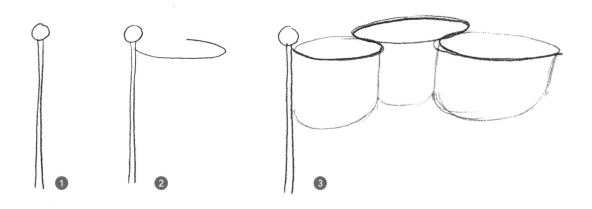

4. 重覆再畫幾次，延長旗子的頂部邊緣線。將多餘的線條擦去。

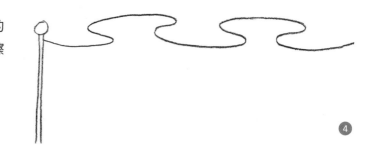

④

5. 從每條邊緣線往下畫出垂直線條，完成近處全部的厚度線。

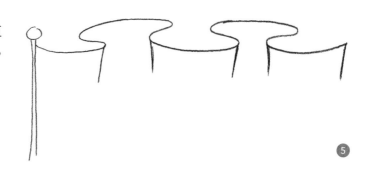

⑤

6. 畫出後方的每條厚度線條，務必要讓它們的末端消失在旗子後方。這些小小的消失線條會讓旗子重疊的形狀變得更為明確，是你畫旗子時最重要的小細節。少了這些線條，你的視覺構圖會整個瓦解，所以請小心地檢查是否少畫了任何一條後方的厚度線。

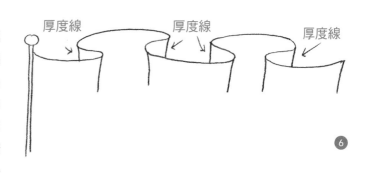

厚度線　　　　厚度線　　　　厚度線

⑥

7. 畫出底部的邊緣線，讓這些線條朝向你彎曲。現在先別管後面的部分。記得將這些線條彎曲得比你認為的還多。

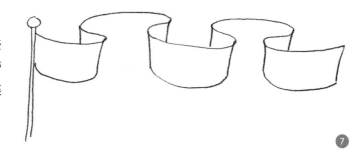

⑦

8. 在你要畫後面的底部邊緣線條之前，想想這個波紋狀旗子的視覺邏輯。你正在創造旗子朝背離你的方向摺疊起來的視覺錯覺，所以視覺上的邏輯就認定了後方的底部邊緣線必須是從你的視線推離的。我們用配置法則來達到這個效果：在前面的物體要畫得低一點，後方的則畫得高一點。當你在學習立體繪畫時，有個很簡單的規則可以應用：假如它看起來不對勁，那麼它就是錯的。

9. 加入明暗，還有隱蔽處與縫隙的陰影，來完成這面波紋狀的旗子。

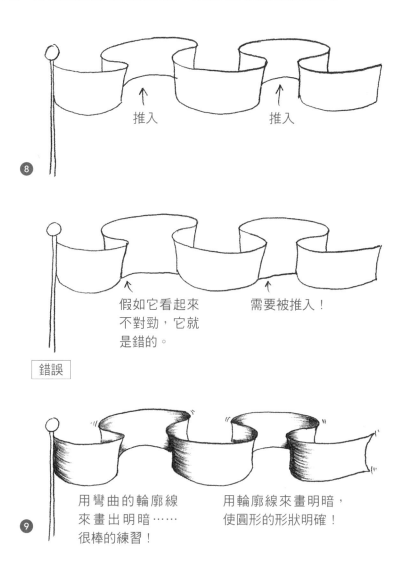

推入　　　　推入

⑧

假如它看起來不對勁，它就是錯的。　　　需要被推入！

錯誤

用彎曲的輪廓線來畫出明暗⋯⋯很棒的練習！　　　用輪廓線來畫明暗，使圓形的形狀明確！

⑨

第 17 課：額外挑戰題 1

　　你已經學會畫出一面美好的波紋狀旗子所需要的技巧了。翻閱一下你的素描本，回顧一下第九課〈玫瑰〉、第十課〈圓柱體〉，以及這一課的內容。花點時間看看我放在下方的素描本內頁，將這幾課的內容全部結合在一起，好好享受畫出一面超長旗子的樂趣。你做得到！注意看我是如何透過彎曲和錐形化，將旗子全部的厚度線條往內縮。這會為你的旗子帶來一點特色，並使它們在頁面上看起來栩栩如生。

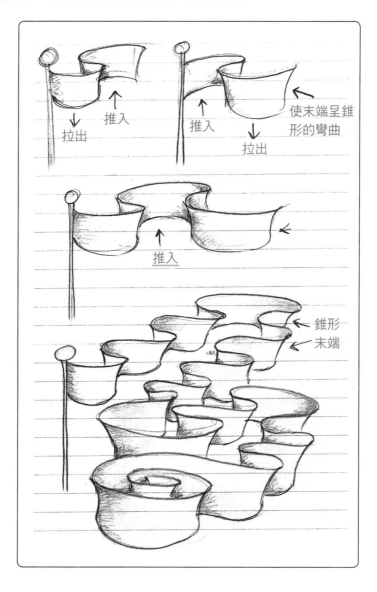

第 17 課：額外挑戰題 2

對你來說，畫這些還不足以滿足你對旗子的狂熱嗎？以下是我的兩位學生觀看我的網路教學影片所畫出的有趣圖像：

學生範例

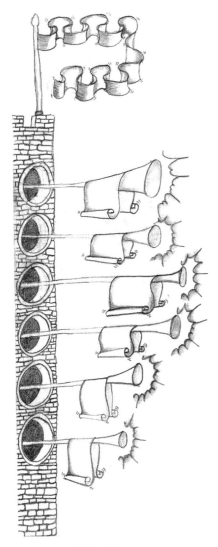

Michele Proos

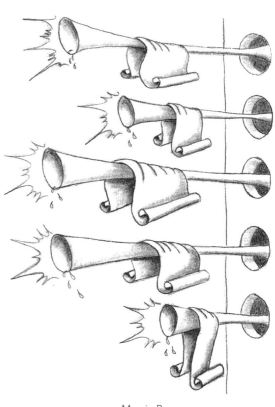

Marnie Ross

https://www.youtube.com/
watch?v=YN9KExhDMa0

巻軸狀

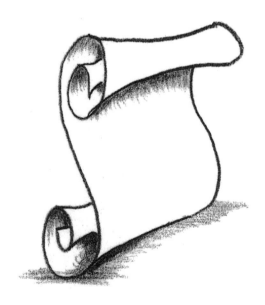

在這一課裡，我會特別強調額外的細節的概念。我想要鼓勵你以這些繪畫課程為起點，畫出你自己創造的、精緻又細膩的圖畫。這幅卷軸狀的繪圖，就是加入額外細節後的進階版波紋狀旗子。

1. 非常輕地描繪出兩個彼此稍微分開的圓柱體。

2. 用這兩個圓柱體作為卷軸的軸桿，畫上曲線連接軸桿的近處邊緣線。將這兩條線畫得比你認為需要的還要彎曲。這裡用上了哪兩個重要的法則？配置和比例！

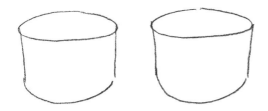

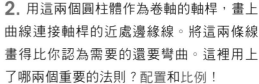

3. 擦除多餘的線條，隨著前縮透視的形狀在卷軸內畫出螺旋狀，差不多就像是我們在〈玫瑰〉那堂課中所畫的。你看，我在這本書中教你的所有東西，都是你可以靈活運用的資訊。

4. 畫出所有藏在卷軸近處邊緣線後方的窺視厚度線。這些微小的厚度線，是這整幅畫作裡最重要的線條。如果你遺漏了其中一條線，或者沒有仔細地將這些線與前縮透視的彎曲邊緣線相連，那麼整幅畫作的構圖就會散掉（但是我很確定你並不需要擔心這樣的下場，因為你絕對不會忘記任何一條藏在後方的厚度線的，對吧）。

厚度線

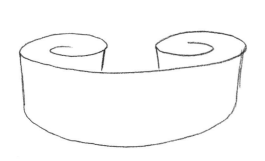

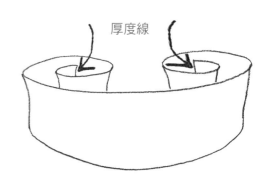

5. 將你的光源設置在右上角。以一條淡淡的西南向引導線來畫出卷軸左側的投射陰影。用彎曲的輪廓線，畫出背對光源的表面上的陰影。你看，我將我的光源朝你拉近了，就放在繪畫的正前方。注意看，我在卷軸右側也加上了一點明暗。用你的光源試看看。在你練習繪畫的過程中，試著將光源放置在正上方、左上角，或甚至將它放置在物體的下方。這會是很有挑戰性的練習，但也非常有收穫：它將幫助你更清楚掌握如何在背對光源處畫上明暗。

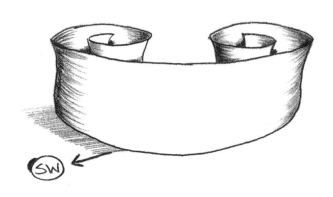

第 18 課：額外挑戰題 1

　　請畫出下圖的卷軸。結合所有運用在繪畫上的概念，包括明暗、輪廓線、陰影、重疊、比例、配置等等，然後你就會有一個十分立體的卷軸，有體積也有深度，在空間中生氣勃勃地存在著。

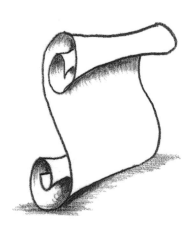

第 18 課：額外挑戰題 2

　　為何要現在就停止呢？這一節繪畫課只
進行了三個小時而已，讓我們努力地撐到天亮
吧！自從看了舊版《羅賓漢》卡通之後，我就
一直在畫這個有趣的卷軸，也就是卡通裡警
長那幫傢伙在城鎮上四處張貼、捲起的通緝海
報。我也看見這些很酷的卷軸出現在許多小孩
子看的 DVD 封面上，在任何文藝復興風格的
展覽或慶典上也能看到。我個人最喜愛的卷
軸，其實就是《阿拉丁》裡那個捲起的魔毯角
色。

　　看一下右側的素描本內頁，畫出屬於你自
己的花俏卷軸吧！

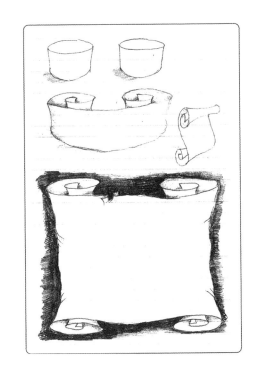

學生範例

　　這些學生範例超酷的！

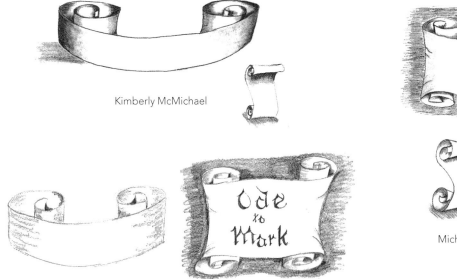

Kimberly McMichael

Suzanne Kozloski

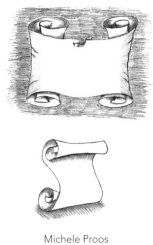

Michele Proos

金字塔

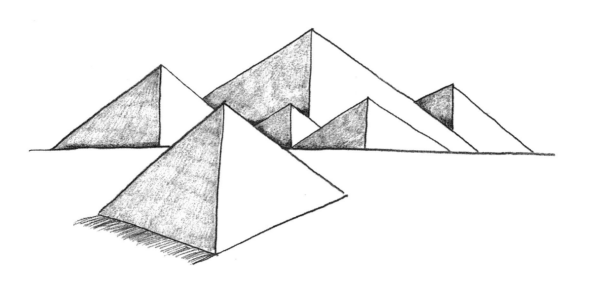

在這一課，你將會學習如何畫一座立體的金字塔。我們會運用下列的繪畫概念來創作：重疊、視平線、明暗及陰影。這一課也會幫助你練習均勻地畫上單一明度（value）的明暗。因為金字塔的側邊都是平整的，所以會需要以一致的明度來畫明暗，不像圓柱體、旗子或其他弧狀的表面，需要由深至淺地調和明暗。現在，我們開始吧。

1. 畫一條筆直的垂直線。

2. 往下傾斜畫出金字塔的邊，讓兩邊與中間線條構成的角度保持一致，並將中間的線條維持在較長的長度。

3. 想想你的繪畫方位參考立方體，畫出西北向及東北向的金字塔底部線條。

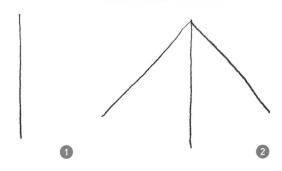

① ②

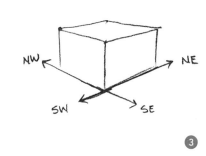

③

4. 以視平線將金字塔固定在沙地上。設置你的光源處，並畫上西南向引導線，好畫出投射陰影。

5. 現在，在金字塔背光的那一側，加入單一色調、單一明度的均勻明暗。

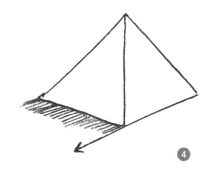

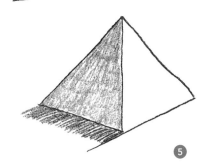

④ ⑤

6. 你可以停在這裡，現在你已經有一座看起來很棒的金字塔！你可以加上石塊的質感。畫上碎裂的邊緣線和一堆堆的石塊殘礫，如此一來你就有了一座古老的遺跡。但我想要沿著線條加上門。覺得很怪？還是覺得很妙？我們來描出門的位置。

7. 如果門在右側，厚度就在右邊；如果門在左側，厚度就在左邊。在右門的右側畫上厚度。

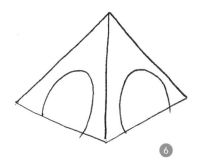

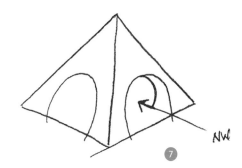

8. 在左門的左側畫出厚度。

9. 完成所有背光面上的明暗。切記，這是平坦的表面，需要均勻的單一色調明暗，而不是調和明暗。但是我調和了右邊弧狀門內側的明暗，因為在彎曲的背光表面上，你總是會需要將明暗由深調至淺，平坦表面則只需要單一明度的明暗。

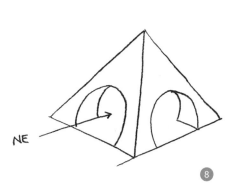

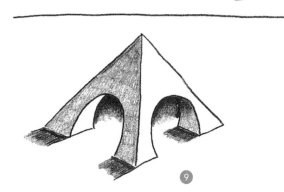

第 19 課：額外挑戰題

　　你可以畫出有著數座金字塔的景色，取決於你有多少時間。注意我是如何將一座金字塔畫在視平線下方，並將其他大量金字塔畫得遠遠的，讓它們座落在視平線的後方。在這幅畫裡有一件十分重要的事情，那就是重疊法則的效力勝過了其他八個法則。比例在這幅畫裡根本就不構成一個有影響力的因素。在我們目前為止完成的繪畫中，通常畫得較大的事物就會顯得比較近，而畫得較小的事物就會顯得比較遠。但在這幅畫裡，縱使較小的一群金字塔之中藏著一座最巨大的金字塔，它看起來仍舊很遙遠，在畫面中處於很深的位置。

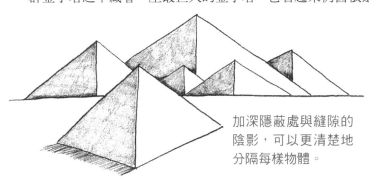

加深隱蔽處與縫隙的陰影，可以更清楚地分隔每樣物體。

為什麼會這樣呢？這是因為重疊法則的影響力。我將所有較小的金字塔都重疊在這巨大的金字塔上，因而創造出它在這個景象中處於較深位置的錯覺。

　　試試看吧！

學生範例

　　畫面中的圖形重複會帶來非常賞心悅目的效果。看看以下幾張金字塔的變體，這些都是由像你一樣的學生所完成的！

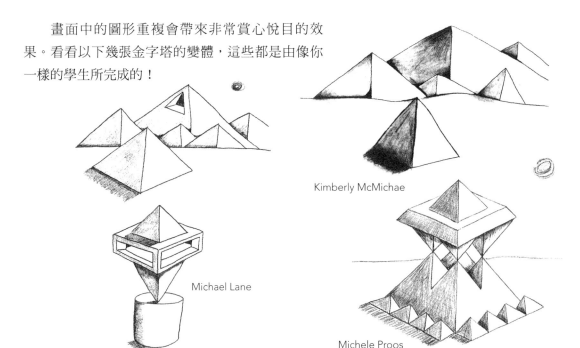

Kimberly McMichae

Michael Lane

Michele Proos

火山口、咖啡杯及月球表面

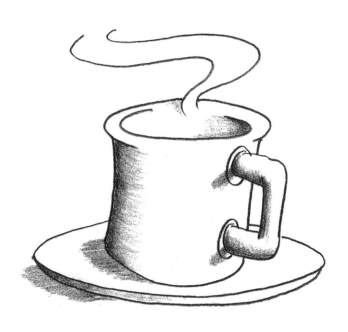

火山口、咖啡杯及月球表面，它們之間有什麼共同點呢？這是一堂令人驚嘆的課程！

　　讓我們延伸想像力，在三個完全不同的物體上運用前縮透視圓形。我想透過這堂課讓你察覺到，在真實世界裡，有如此多的物體都是前縮透視圓形。在你畫下這三樣前縮透視的物體，並完成本書中許多前縮透視課程之後，你就會開始認出你周遭的前縮透視形狀；而辨認出你身邊的前縮透視形狀與繪畫法則，將會幫助你學會如何畫出立體繪畫。

　　當我掃視周遭，我在每個地方都能看見前縮透視圓形：水壺、馬克杯、一枚在我電腦包旁掉在地毯上的 25 分硬幣，還有牆上滅火器的頂部。請看一下你的四周，你能看見多少個前縮透視圓形？讓我們將現實世界裡的前縮透視圓形運用在我們的繪畫中，先從一個火山口開始。

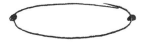

火山口

1. 畫上兩個引導點。即使你已經是個禁得起時間考驗、長途來到本書第二十課的鉛筆戰士，我還是會鼓勵你運用引導點。在已經有超過三十年繪畫經驗的現在，我也都還是會用上它們！

2. 畫一個彎曲的前縮透視圓形。

3. 傾斜火山口的側邊，以稍微彎彎曲曲的線條，創造出火山地形凹凸起伏的邊緣。

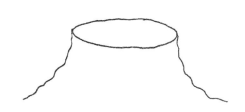

4. 設置你的光源處，以調和明暗來創造出背光處的陰影。你注意到火山口裡面延伸的隱蔽處與縫隙陰影了嗎？

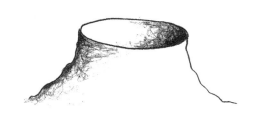

咖啡杯

1. 畫兩個引導點。

2. 畫出另一個彎曲的前縮透視圓形，並完成這個圓柱體。

3. 記得我們怎麼畫出海芋花瓣邊緣的尖端嗎？現在，將圓柱體頂部的前縮透視圓形，稍微地擦出一個開口。

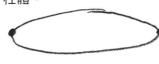

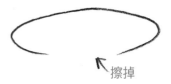

擦掉

4. 稍微將咖啡杯的邊線呈錐形地往內縮。這會替你的咖啡杯增添獨特的風格。

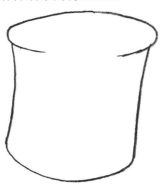

5. 畫出一部分的前縮透視圓形，好創造出杯子內部的厚度。

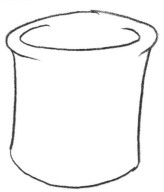

6. 在咖啡杯下方畫一個繪畫方位參考立方體。參考這個立方體，以東南向引導線線條，開始畫出咖啡杯手把。

7. 隨著你上方畫好的線條，再多畫兩條東南向的線條。

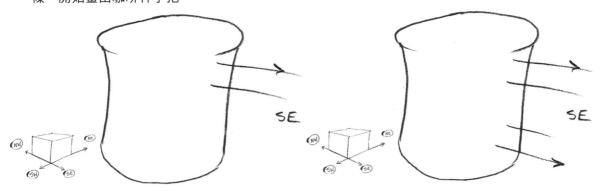

SE

SE

8. 以垂直線完成咖啡杯的手把，擦除多餘的線條並細部修飾短小的重疊線條。一般來說，一幅成功的立體繪畫最重要的部分，就是了解並掌握這些看似瑣碎的細節。我們即將要畫出一個穩固的立體咖啡杯，看起來具有實質、也有體積，而且真的存在。

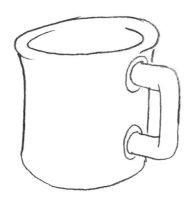

9. 畫出西南向的投射陰影，再加上一個前縮透視盤子。加上調和明暗。

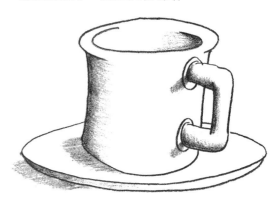

10. 加入一縷揮發的蒸氣，來完成這一杯讓人提神的爪哇咖啡。

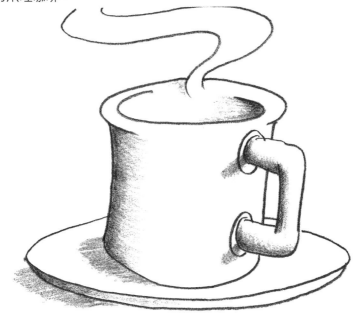

第 20 課：額外挑戰題

你成功地完成了這一課。但是，假使你真的想要感覺自己已經掌握了這個運用前縮透視圓形的概念，那麼，就接下去完成下一個挑戰！

以一條彎曲的視平線作為起頭，並開始畫出月球表面近處的火山口，將它們在紙面上畫得較低、較大，來使它們顯得離你近很多。將距離遙遠的火山口畫得小一點、高一點，使它們顯得較遠。務必要將鄰近的火山口重疊在遠處火山口上方。注意我加深的隱蔽處與縫隙的陰影，是如何將這些火山口區隔開來的。

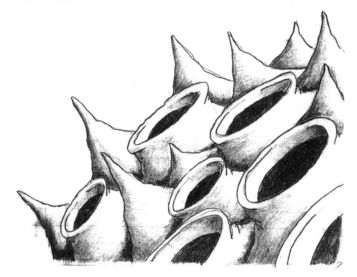

學生範例 1

現在，看一下蜜雪兒如何運用這一課，畫出她現實生活中的靜物。十分出色！

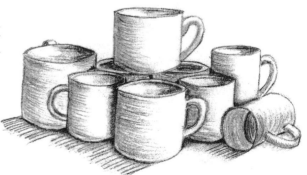

Michele Proos

學生範例 2

看一下這些學生如何在他們的素描本中練習這一堂課的課程。

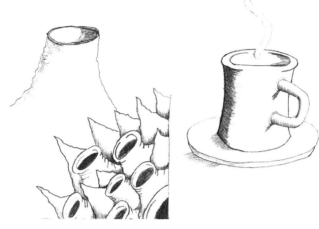

Marnie Ross

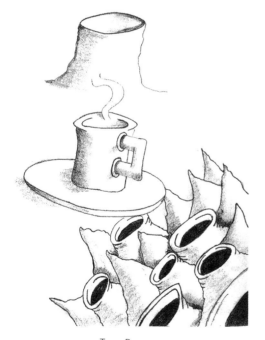

Tracy Powers

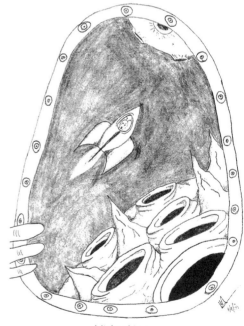

Michael Lane

樹

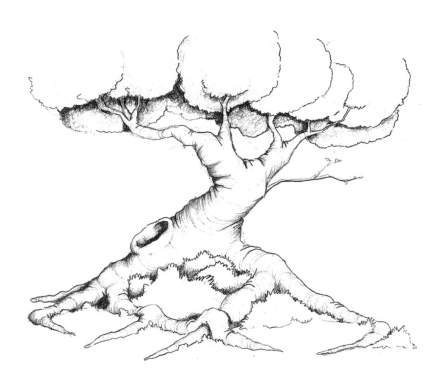

在這一課裡，我將會向你呈現以**錐形**樹幹和**重疊**的一叢叢樹冠，畫出一棵簡易樹木的樂趣。

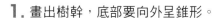

1. 畫出樹幹，底部要向外呈錐形。

2. 以輪廓線畫出彎曲的底部。這條線會是畫出樹根系統的引導線。

3. 運用底部的圓弧輪廓線，畫出東北向、東南向、西北向及西南向的線條，如右圖所示。

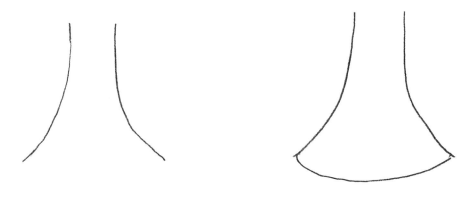

4. 是不是很迷人？隨著繪畫羅盤方位線條，畫上從樹幹延伸出去的錐形長管，好畫出樹根。你注意到了嗎？我們幾乎在畫每幅立體畫時，都會用到羅盤方位線條呢！

5. 擦除多餘的引導線。將樹枝畫成錐形，並分裂成更小的樹枝，就像我畫的一樣。注意看，我已經在枝幹分開的地方畫了重疊的皺紋，好讓重疊的邊緣線條更為清楚。

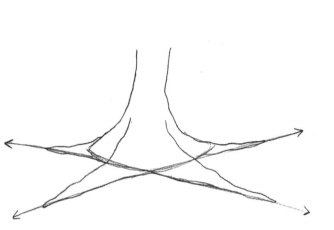

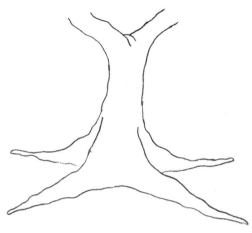

6. 以一個圓形標示出第一叢葉冠的位置。

7. 在第一個圓形後方再多畫兩個圓形：這就是群集（grouping）的力量。基本上，群集在一起的三叢樹冠，在視覺上會比單一的一叢樹冠來得更有吸引力。

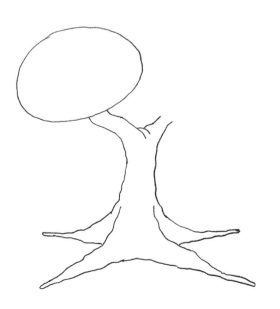

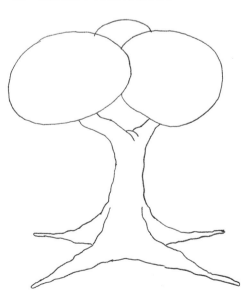

大部分時候，奇數數目的物體看起來會比偶數數目的物體還來得順眼。群集是個很重要的概念，看看文藝復興時期建築的窗戶、拱門和雕塑，就可略知一二。

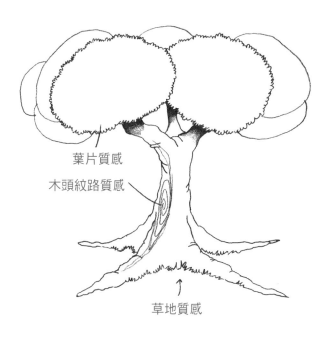

葉片質感

木頭紋路質感

草地質感

8. 正如同我們在〈無尾熊〉那一課所做的，我們要畫出這些樹冠的表面觸感。一開始先潦草地亂塗一小排，就像我畫的那樣。當你胡亂塗好更多排、更多層線條時，這些球形看起來就會像是成簇的葉片。現在，在樹幹上畫出由上往下重複流動的線條，創造出木頭紋路的質感。加深樹枝下方細縫處的陰影。

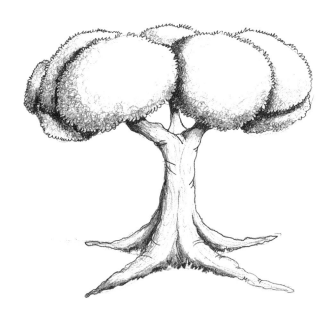

9. 繼續以小小的塗鴉線條填滿每個你所畫出的樹冠圓形，打造出葉片的視覺效果。以質感畫出明暗，完成你的繪畫。畫上長長的垂直線條，好為樹幹及樹枝加上明暗。做得好！這是一棵很好看的樹！

第 21 課：額外挑戰題

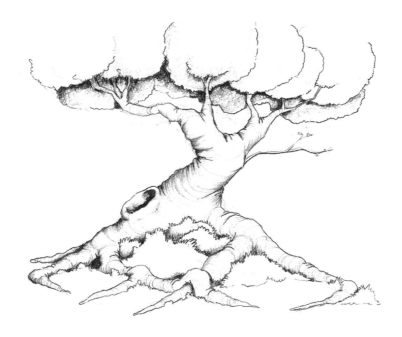

在這個額外挑戰題裡，我將教你如何捕捉自然的美景 —— 用一個清晰透明的夾板。
以下是你會需要的物品：

- 一個透明的夾板，或任何透明的堅固塑膠板。
- 粗字筆頭與極細筆頭的黑色奇異筆各兩支。
- 一盒上頭清楚寫著「可書寫」的透明投影膠片。
- 一卷膠帶，任何一種都可以（我個人偏愛 19 毫米寬的白色膠帶或 25.4 毫米寬的校正膠帶，不過低黏性的膠帶也行）。
- 一個輕便易於攜帶的畫架，或是兩個紙箱（任何一種紙箱都行，我曾經將好幾個白色文件收納盒疊在一起再加上一個蓋子，效果也很好）。

用校正膠帶將一張清晰的透明投影膠片固定在你的夾板上。兩側各貼上一小片膠帶即可。

抓起你的黑色奇異筆踏出戶外。

一旦到了戶外，請你找出一棵有趣的樹。站好，閉上其中一隻眼睛，透過你的塑膠夾板注視著那棵樹。移動你的夾板，好讓整個夾板框住整棵樹。

在這裡放置你的畫架，或是堆疊幾個白色的空收納盒。當你用單眼透過夾板框架觀看物體時，以黑色奇異筆描摹出你所看見的景象。若你在用另一隻手描摹線條時遇到了一些困難，不方便以手臂拿著你的透明夾板，就請一個朋友站在你的正前方約一至兩分鐘。用她或他的肩膀來當成你的畫架。保持一眼緊閉，另一眼專注於輪廓、邊緣、形狀及線條上。就如同我先前提過的一樣，所有在歷史上偉大的藝術家，如米開朗基羅、達文西、拉斐爾、林布蘭，他們都是透過對自然界的描摹，來學會如何真的看見他們想畫的東西。

使用透明夾板的想法，是我在二十五年前為一位朋友養的柯利牧羊犬畫畫時所想到的。當時我很苦惱要如何捕捉牠那溫柔靈動的眼睛和可愛的毛髮（那個年代還沒有可以透過手機拍下、再傳輸到影印機的數位照片，我手頭可用的僅有一把很長的塑膠標尺＊而已）。我記得那時候我就是在塑膠標尺上運用這個技巧的；受限於標尺的寬度，我只能以長薄片形狀畫出那隻牧羊犬的一部分，但那已經足以讓我解決我所面臨的問題。那時候我還沒有辦法快速地將圖像轉印到紙張上，所以我就將標尺上的圖擦掉了。

多年以後，我的朋友麥可（Michael Schmid）在他的藝術課上設計出一個很棒的練習。他打造了一個大小約為 1.2 乘 1.2 公尺的加框直立透明塑膠隔板，讓學生拿著水擦膠片筆（就是用來畫在投影機透明投影膠片上的筆，你可以輕易擦除筆跡）坐在隔板兩側。學生會輪流閉上一隻眼睛，一面筆直地端坐，一面描摹坐在隔板另一邊的學生。麥可還想到一個將學生的作品轉移到紙上的巧妙辦法，他利用一塊濕海綿將一整張空白的紙沾濕，接著小心翼翼地將這張濕紙放到畫好的塑膠隔板上，用手將紙張理順，同時注意不讓塑膠板上的圖片糊掉。然後，他會緩慢地將濕紙從塑膠板上剝下。登愣！學生美麗的畫作便成功地轉印到紙上了。

從那之後我就開發出這個簡單的透明夾板技巧，將這個觀察、繪畫、描摹出周遭世界的有趣方式教給我的學生。假如天氣不允許你去到戶外，你也可以坐在前方有植物或是插了花的花瓶桌邊。實驗一下，將花朵先擺放在距離你的夾板非常近的位置，然後再將它移到很遠的地方。當你透過單眼畫出這些圖像時，注意我們的繪畫法則（重疊、明暗、陰影與視平線）是如何運用在其中。

＊譯註：標尺，是一種畫直線用的直尺。

學生範例

看一下這些學生如何在他們的素描本中練習畫一棵樹。留意這些畫作各自浮現的不同風格，就像你的畫作一樣！

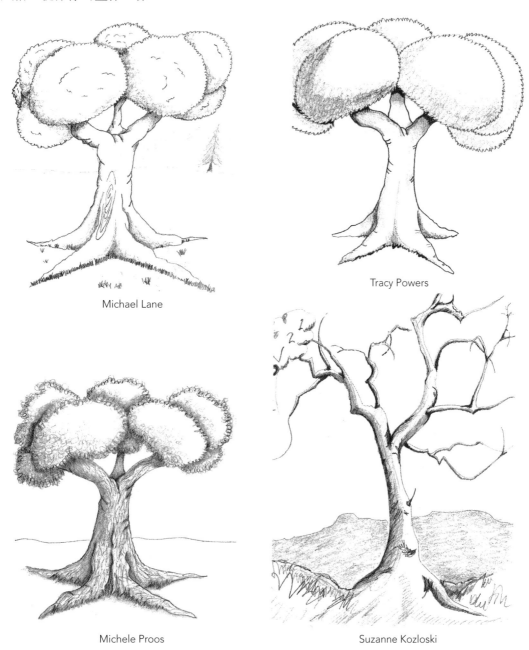

Michael Lane

Tracy Powers

Michele Proos

Suzanne Kozloski

你可以在這頁盡情揮灑創意！

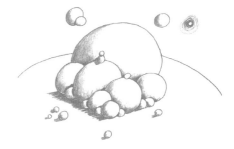

單點透視法——房間

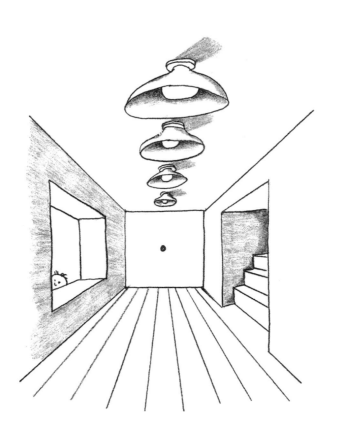

這一課將會探討**單點透視法**，這個繪畫技巧就是讓畫面中的所有物體朝向同一個焦點校準，這項技巧也被稱作消失點。不要將這個技巧與**兩點透視法**混淆，即使他們有著類似的原則。在兩點透視法中，你會使用到兩個消失點來設置你的繪圖，並用特定的校準方式創造出深度。

　　這會是很棒的一課，讓你學習如何以單點透視法畫出房間、大廳或門廳，你可以為你的畫作進行室內裝潢，直到你滿意為止！在這堂課的初步介紹中，我們會先聚焦於畫出一個很棒的立體空間，讓你發揮出你的想像力。

---

1. 讓我們先畫出房間後方的牆壁，作為這一堂課的開端。畫兩條與你的素描本頂端平行的水平線，還有兩條與你的素描本內頁邊緣平行的垂直線。讓垂直線筆直地由上而下，水平線則筆直地橫過頁面。這是非常重要的。

2. 在後方牆壁中心處畫一個引導點。

3. 輕輕地描繪穿越房間角落的對角線，直接穿過中心處的引導點。我用廢棄紙張的邊緣當作標尺來畫這條線，不過你也可以使用直尺。

4. 輕輕地描繪另一條穿越房間另一側角落的對角線，同樣直接穿過中心處的引導點。

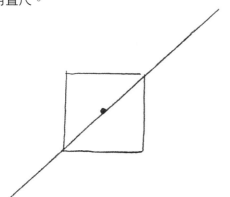

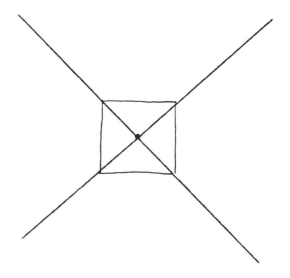

5. 留下中心處的引導點，擦除其他多餘的線條。

6. 輕輕地描繪門的所在位置。注意我們如何使用比例法則這個繪畫概念。較靠近的門邊要畫得比較長，創造出比較近的視覺效果。要畫地板、牆、天花板，都要謹記比例如何影響了畫面中的深度。

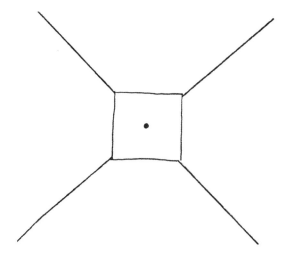

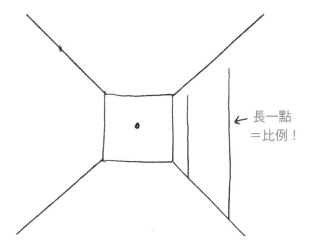

← 長一點
＝比例！

7. 將中心處的引導點當成你的參考點，從鄰近的門邊頂端畫出一條直達中心消失點的引導線。這個位於中心的引導點，會是這幅畫中幾乎每一條線的焦點。

8. 在對向的牆壁上畫一扇窗戶，用兩條垂直線大略畫出窗戶的位置。記得近處的邊緣線要畫得長一點。

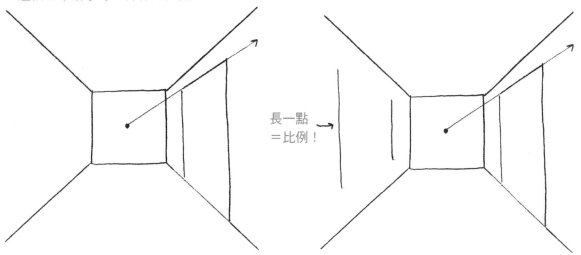

長一點
＝比例！

9. 再一次地參考中心處的引導點,畫出窗戶頂部及底部的邊。

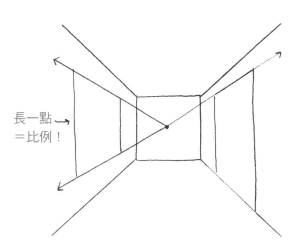

長一點→
＝比例!

10. 在單點透視法的繪圖中,水平和垂直線條是用來表現厚度的。用水平線畫出門、窗戶及階梯的厚度。

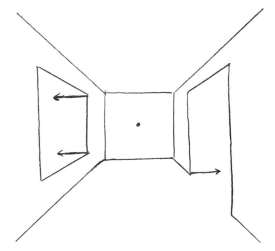

11. 現在畫一條垂直線,完成窗戶的厚度。這是一扇在厚度將近 1 公尺的城堡石牆上的窗戶,還是一扇在較薄的磚牆或木牆上的窗?

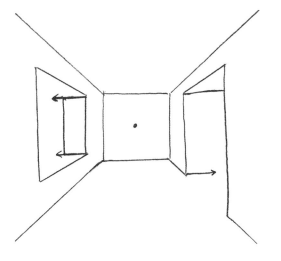

12. 這個步驟是這一課中非常重要的部分。用中心處的引導點當成參考點,輕輕地描繪出窗戶頂部及底部的線條。你瞧!你已經用單點透視法,創造出一扇窗戶了!現在,讓我們來畫出階梯吧!

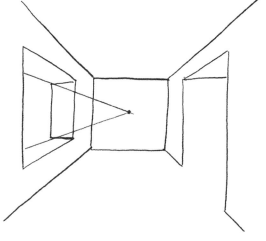

13. 將後方的牆壁線條當成參考線，畫出水平及垂直線條，創造出階梯較遠的邊緣線。你記得在步驟 1 我有多麼強調最初的垂直與水平線的重要性嗎？沒錯，這就是原因。所有其他的垂直線和水平線都必須和最初所畫的線條平行，否則你的構圖在視覺上就會崩解。

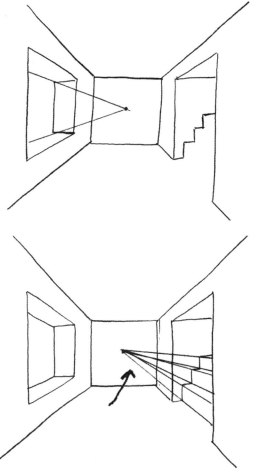

14. 是時候再次用上中心處的引導點了。將每一階的轉角處與中心處的引導點相連。在未來的課程中，我會將這些線條稱為校準線（line alignment）。從中心處的引導點出發，淡淡地將線條描繪出來，就如同我所畫的一樣。

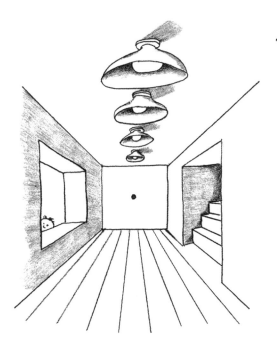

15. 清理多餘的線條，將全部的邊緣線條畫得更清晰，好讓你的畫作聚焦。我已經利用左邊窗戶外面透進來的光線，調和了圖的明暗，也關掉了天花板上的燈。假使天花板上的燈亮了，那麼明暗應該畫在哪裡呢？我已經畫出了地板上的木板，還有天花板上的一排燈。重畫這張圖幾次，每次都用不同的門及窗戶來試驗看看。

第 22 課：額外挑戰題 1

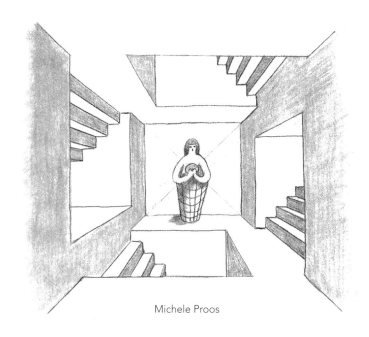

Michele Proos

　　這一幅素描來自於我網站上的其中一堂課程。這堂課是受到艾雪（M.C. Escher）＊所繪的一件作品所啟發的。透過網路看一下艾雪的單點透視法繪圖。你也會看見許多以兩點透視法完成的作品，這確實是一項很酷的技巧，我們會在稍後的課程中進行更深入的探討。

第 22 課：額外挑戰題 2

　　拿起你在第二十一課的額外挑戰題中用到的塑膠夾板及黑色粗字奇異筆。在夾板上黏一張可書寫的透明投影膠片，就像先前做的那樣。將你自己安頓在房間中的任一位置，坐在書桌前、床上、地板上，任何一個你覺得舒服的地方都好，然後以能獲得房間最佳視野的姿勢坐下。

　　用輕便易於攜帶的畫架或是一些紙箱，設置好夾板的位置。當你透過夾板用單眼看出

＊譯註：荷蘭畫家艾雪，最為人熟知的作品，當屬一系列變形建築與轉變中的圖形。

去時，牆壁後方的角落會是條垂直線，與你的夾板邊緣很緊密地平行在一起。

　　描摹任何你看見的東西：牆壁的邊緣、天花板、地板、窗戶，以及家具。一旦開始描摹，請確保不要移動到你的夾板。

　　將你畫的圖放在掃描機上，掃描一份然後印出複本。用你的鉛筆在副本上畫出事物的明暗，依據你在房間裡所看見的，為它們加上多重的色調和**明度**。要留意真實世界裡的陰影，也要留意**配置**、**重疊**和比例法則是如何真實地在你所見的世界裡產生作用。這不是很有趣嗎？看一下蜜雪兒是如何使用透明夾板來畫她的房間。左下方的圖是她在透明投影膠片上的墨水描摹線條，而右下方的圖則是她將投影膠片上的繪圖轉印到一張普通的紙上，再加上明暗及細節的畫作。很酷吧！

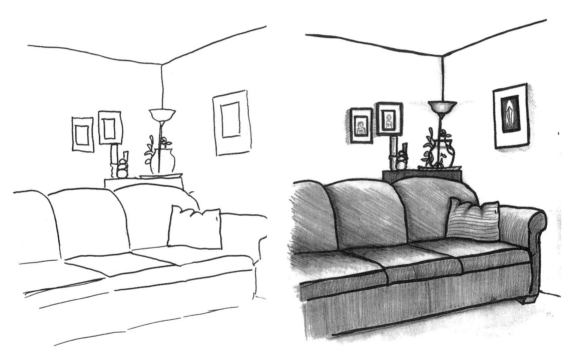

Michele Proos

學生範例

這裡有兩幅在同一堂課的學生所畫出的迥然不同的作品。我真的很愛看到這些成果！

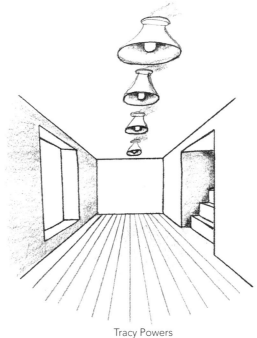

Tracy Powers

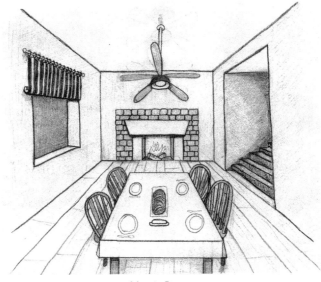

Marnie Ross

單點透視法──城市

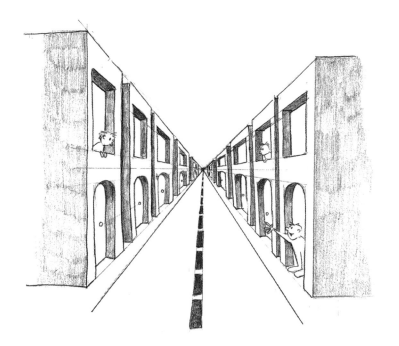

經由在前一課學習用單點透視法畫出一個房間，你練習了創造單一消失點的重要基礎技巧。讓我們更進一步地深入這個概念，以單點透視法來繪製城市市中心的街區，所有的建築物、人行道及道路似乎都消失在遠方的單一定點。

在這一課中，我會加深你對幾項繪畫法則的理解：比例、重疊、明暗及陰影法則，同時也讓你對態度、額外的細節及持續的練習等原則有更深的認知。

> **透視法的定義**
>
> 在繪畫中，透視法的用途在於讓人們在平坦表面上看見或創造出深度的錯覺。「透視法」（perspective）這個字的字根是拉丁文「spec」一字，意指「看見」。其他有著同樣字根的單字包括「推測」（speculate）、「觀者」（spectator）與「檢查員」（inspector）等。

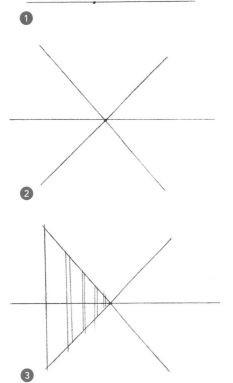

1. 畫上一條視平線，並在中心處設置一個引導點。

2. 和你在畫單點透視房間時，用來設定天花板、牆面及地面的引導線相似，畫出引導線來設定建築物和道路的位置。

3. 在紙張左側決定好你的建築物要從哪裡開始，並畫下一條垂直線。然後在紙張左側再畫下一條垂直線，決定你的建築物到哪裡結束。要確認你的垂直線條與你的素描本邊緣互相平行。請隨意地使用尺或標尺來畫線。當我在畫小幅的單點透視繪畫時，我經常徒手畫而不用標尺。在這一課中將這兩種方法都試試看，先用尺，然後再徒手畫。你比較喜歡哪一種方法？用尺畫的邊線會顯得堅固且準確，而徒手畫的圖雖然沒有這種技術感，卻會帶來特殊的手繪質感。有些學生會逐漸依賴標尺這項工具，但請你了解，標尺只是你繪畫袋中的另一種繪畫工具而已，就像很有幫助的調和明暗濃度紙筆一樣。無論如何，如果有需要的話，沒有這項工具，你也能畫得很好。

4. 現在以同樣的畫法完成畫面右側。以垂直線條來表明建築物的位置。

5. 確保建築物的頂部和底部線條與你從消失點畫出的引導線相疊合。

6. 從左側每棟建築物的頂部和底部畫出水平線條,這些線條要和視平線(與你的視線等高)平行。這就是你的畫作真正脫離紙面的時刻!

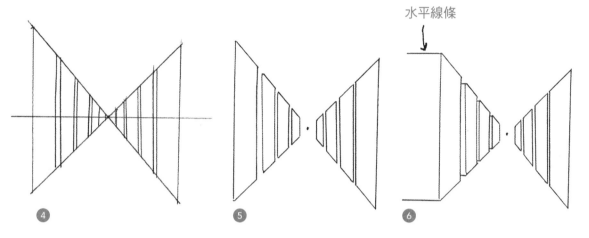

水平線條

④ ⑤ ⑥

7. 畫出右側建築物的水平厚度線條。

8. 畫出道路與中間的單黃線。在建築體的表面上畫上陰影。我將光源處設置在消失點的位置,所以我將所有背對消失點的表面都畫上了陰影。

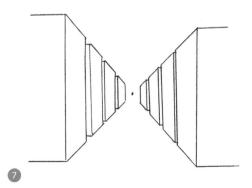 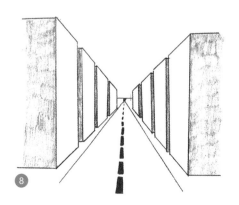

⑦ ⑧

第 23 課：額外挑戰題 1

我在穿越紐約第五大道的時候獲得了這一課的靈感。我看向街道中央，看見了高聳的建築物、黃色計程車車流，甚至是人行道上的人群，全都在遠端匯聚成一個點，成為單點透視的構圖！我停下腳步，想道：「這會是多棒的一堂繪畫課啊……」一輛計程車朝我按了喇叭，吼著要我走開，別擋路！

啟發這一課的另一個時刻，則是我在逛超市的時候。我走進蔬菜罐頭的走道，然後——「哇啊！這單點透視構圖！」——總共一萬個罐頭全部都擺在從單一消失點延伸出來的引導線上！

這真的很酷。喔！我又想起另一個能為單點透視構圖帶來靈感的地點了：圖書館！所有書架上的書都以美好的單點透視構圖擺放！下次當你身處超市或圖書館的時候，你應該自己試試。這會讓單點透視法的概念變得超級清楚！

重畫這一堂課的內容，並加入一大堆額外的想法。你能在下圖看見我加入了門、窗戶和一些鄰居。好好地享受畫這幅畫的樂趣。畫個遮雨棚、門廊，也許還可以畫上一兩個花盒。細節確實為生活增添了許多趣味！

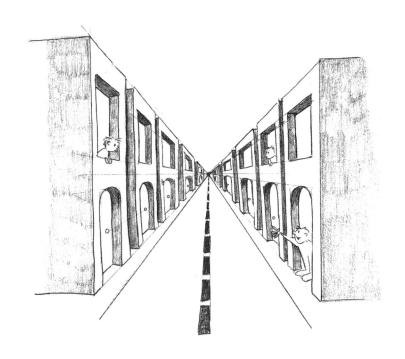

第 23 課：額外挑戰題 2

　　為何要現在就停止呢？何不將單點透視法的技巧運用在現實生活中，看看它是如何運作的？抓起你的夾板，在上頭黏上一片可書寫的透明投影膠片，並帶上你的粗字黑色奇異筆。走下你的車道，走到街上。看看街道的兩端，無論是哪一端都可以，只要挑選出視覺上看起來有趣的那一端就好。閉上一隻眼睛，透過透明夾板描摹出你所看見的景象。為了讓你的手臂保持穩定，請靠著一個靜態的物體，比如你的信箱，或是一輛停泊的車輛。你的消失點將會稍微偏向中心點的左側或右側，因為你不會站在路中央畫畫。然而，你仍舊會對於這幅用黑色墨水描摹出來的景象感到滿意。看見單點透視法如何在現實生活中起了作用，實在是挺妙的，不是嗎？

　　試試坐在城市商業區、公園或是碼頭長凳上畫單點透視法。事實上，我曾做過這樣的事，就在百貨公司裡抬頭看著手扶梯。我沒辦法抗拒它！那一致又重覆的紋路，真的太吸引我的目光。一千個手扶梯踏階都朝向遠端的單一消失點匯聚，完全就是名副其實的單點透視樂透大贏家！在第六個投以好奇眼光的人經過我之後，我才放下手裡的夾板，但那時我已完成了前縮透視手扶梯的描摹。

　　拍下一張照片，再將投影膠片放在照片上方，也可以達到類似的練習效果。這不像上街時那麼有趣或充滿冒險（也不像上街時那麼煩人 —— 對於人行道上試著要避開你的行人來說），不過，為你想畫的景色拍下一張數位相片，也是一種順利練習的方式。

　　比如說，當我穿越紐約第五大道，受到眼前單點透視的景象鼓舞時，我應該拍下一張照片，而不是停在人行道中間，在上百個匆忙的紐約行人中畫畫。為了完成這幅畫，我試了五次，一次又一次穿越十字路口，才成功地捕捉了我心中的圖像。

學生範例

這一課有三個很棒的學生範例，鼓勵你保持每天繪畫的動力！

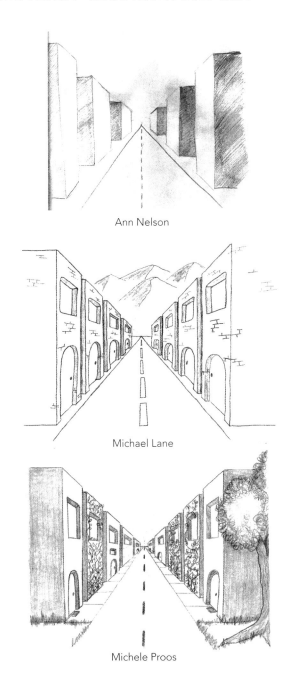

Ann Nelson

Michael Lane

Michele Proos

兩點透視法——塔樓

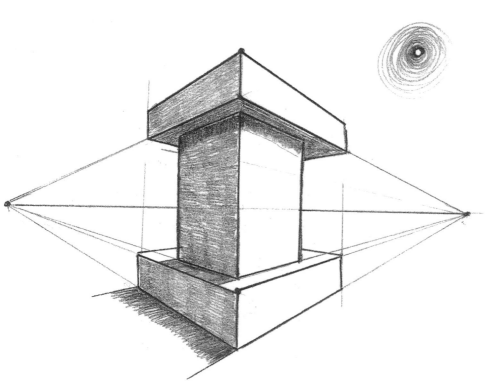

倘若你很喜愛用單點透視法來做些實驗，那麼你將會在**兩點透視法**裡得到更多樂趣。兩點透視法是使用在視平線上的兩個引導點，來畫出高於和低於雙眼視線高度的物體。在這一堂課，我們會將焦點放在繪畫法則中的比例及配置上。有了兩個作為消失點的引導點，你馬上就會看到比例與配置為什麼會如此具有影響力。

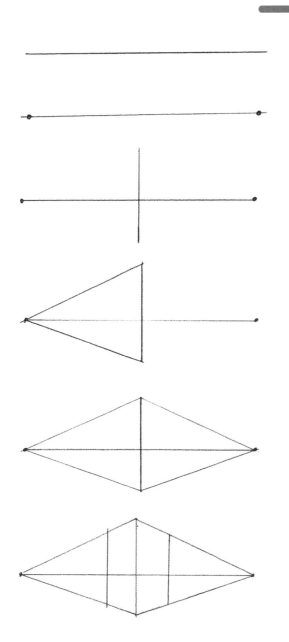

1. 非常輕地描繪一條視平線。將這條視平線一路橫越你的整張紙面。

2. 在視平線上設置兩個作為消失點的引導點。

3. 在視平線中心處畫一條高高的垂直線，設置你的塔樓位置。

4. 用你的尺，或是雜誌、書本、小紙片的筆直邊緣，從左邊的消失點到你所設置的塔樓頂部及底部，各畫上一條引導線。

5. 現在在右邊做一樣的動作。輕輕地從右邊的消失點到你所設置的塔樓頂部及底部，各畫上一條引導線。

6. 在中心垂直線的左右兩側各畫上一條垂直線，以決定你想要的塔樓厚度。

7. 加深視平線與塔樓邊緣線，使輪廓更清晰。擦除多餘的引導線。在塔樓中心的底部一角下方畫上引導點，再畫上與消失點相連的引導線。這會幫助你塑造出塔的底座。

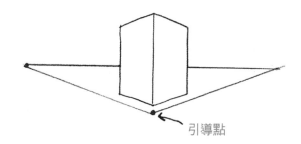

引導點

8. 運用你的消失點，畫出底座後側的線條。現在重覆這個過程，開始塑造出塔樓的頂石。

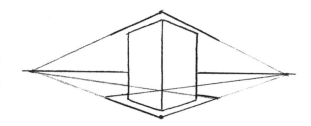

9. 以兩條垂直的引導線畫出頂石及底座的邊線。

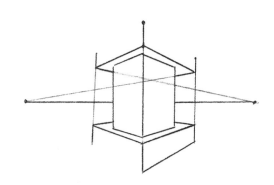

10. 畫出與消失點連接的底座及頂石的厚度線條。

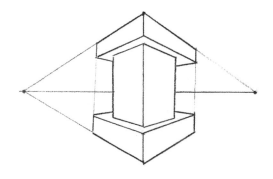

11. 確認你設置光源處的地點。在背對光源處
加上投射陰影。

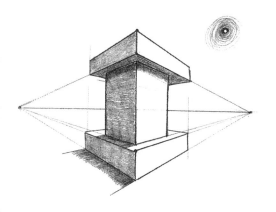

　　這幅畫是個完美的視覺範例，闡明了九大
繪畫基本法則是如何發揮作用的。比如說，用
一把尺往西南向延伸塔樓右邊的底部邊緣，就
會使投射陰影落在頁面上較低的位置，也使它
顯得較近（配置法則）。還有，運用這些消失
點，你就將鄰近的塔樓角落畫得較大了（比例
法則）。在所有背對光源的表面上加入明暗，
會創造出塔樓佇立在一個立體空間中的錯覺。
注意，我在頂石下方及中心樑柱底部都加入了
投射陰影。投射陰影是很有力的工具，能幫助
你在視覺上將物體的構成要件穩固地組合在一
起，就像視覺效果的黏著劑一樣。

讓我們複習一下，我們是如何在兩點透視法的繪圖中運用九大繪畫基本法則的：

1. 前縮透視：看一下塔樓的底座。注意看，底座頂部是一個前縮透視的方形。藉由將形狀扭
　　曲為前縮透視，你創造了底座的一部分比其他部分離你更近的錯覺。
2. 配置：看看塔樓的最低處，它也是在畫面中離你最近的地方。塔樓的最低處會顯得最近。
3. 比例：注意到塔樓最大的部分，也就是塔樓的中心處。這是連接兩側消失點的引導線彼此
　　交會的地方。塔樓最大的部分會顯得比較近。
4. 重疊：看看塔樓中心的樑柱，如何擋住了底座及頂石的部分視線。
5. 明暗：在塔樓背光處加入明暗，會創造出深度。
6. 陰影：運用從右邊消失點延伸的引導線來畫陰影，在視覺上會將塔樓固定在地面上，而不
　　會讓它看起來像是飄浮在半空中。
7. 輪廓線：你可以加入一條從建築物延伸出來的水管，運用從其中一個消失點出發的方位引
　　導線，畫出你的輪廓線。
8. 視平線：看看這整幅畫如何座落於兩個消失點之間的視平線位置。
9. 密度：你可以在這座塔樓後方加上其他小一點的建築物，同樣以這兩個消失點為基準。你
　　可以將它們畫得較淡、較不明顯，藉此創造出空氣感的錯覺。

第 24 課：額外挑戰題

現在，讓我們畫出具有許多樓層、每層有著不同寬度的第二座塔樓。

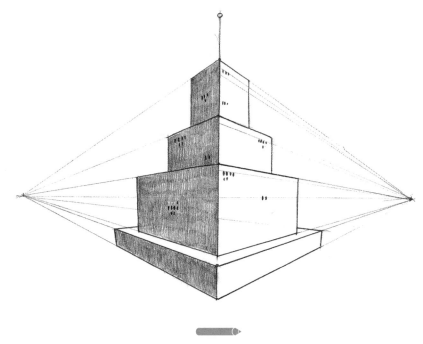

1. 畫一條橫越過整張紙的視平線。將你的消失點設置在靠近紙張外緣的位置，彼此的距離隔得愈遠愈好。如果你將你的消失點設置得太近的話，你的兩點透視構圖看起來就會是扭曲的，就像透過魚缸看見的景物一樣。這其實是一個很有趣的現象，你可以自行探索。試著將這座塔多畫幾次，每一次都將消失點畫得更近一點。這麼一來，你就會注意到你所畫出的圖像愈來愈扭曲。一個很好的例子就是藝術家艾雪的〈球面鏡中的自畫像〉（*Self-Portrait in Spherical Mirror*），藝術家畫出了自己看著鏡面球體的肖像（有機會的話就上網找找看吧）。

2. 畫出中心處的線條，設置你的塔樓位置。

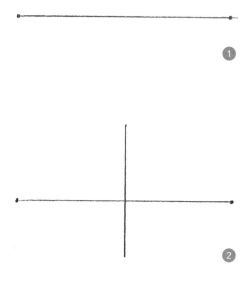

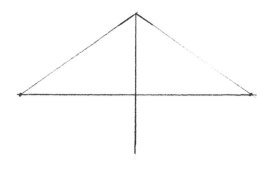

3. 用你的標尺或是一張紙的邊緣,輕輕地從消失點延伸出引導線,來描繪塔樓的頂部。

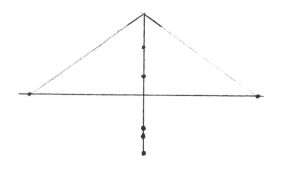

4. 在中心處的垂直引導線上畫出數個引導點,以明確地設定好塔樓每個樓層的位置。

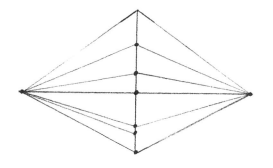

5. 用尺或是任何筆直的邊緣,輕輕地從每個中心處的引導點,畫出連接至消失點的引導線。

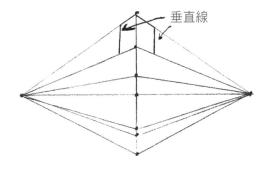

垂直線

6. 用垂直線條明確地標示出塔樓的頂部。多注意這些垂直線,讓它們與中心處的垂直線互相平行。你也可以再次運用繪圖紙的邊緣來檢查這些線條。

7. 畫出接下來的兩層樓，務必將邊線都保持
在垂直的狀態。

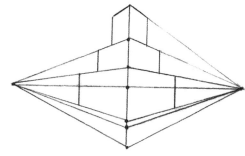

8. 分別畫出在視線高度上方及下方的塔樓層
面。要記得，你的視線高度就是視平線的位置。
當你要畫出底部前縮透視平台的後方邊緣線
時，請特別注意消失點的位置。注意邊緣線是
消失在塔樓的牆壁後方，不是在牆角中，而是
在牆角後方。這是許多學生最常犯的錯誤。

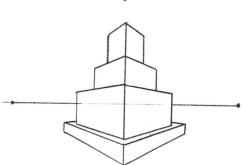

9. 加入明暗、陰影和一些細節（比如小窗戶），來完成這幅以兩點透視法繪製的多層塔
樓。僅靠著畫出小小的窗戶，你就創造出塔樓巨大無比的錯覺（同樣地，畫上巨大的葉
子，也會讓樹木看起來比較小；畫上小片的葉子則讓樹木顯得比較大。畫上大眼睛會讓臉
看起來比較小，就像個小嬰兒；畫上小眼睛，則會讓臉看起來比較大，也比較老）。大小
（proportion）是個好玩的小伎倆，我們在之後的課程會更深入這個概念。

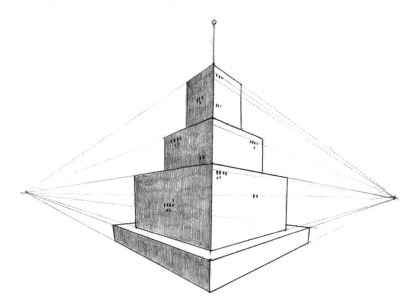

學生範例

看一下這位學生如何練習這一課的課程。

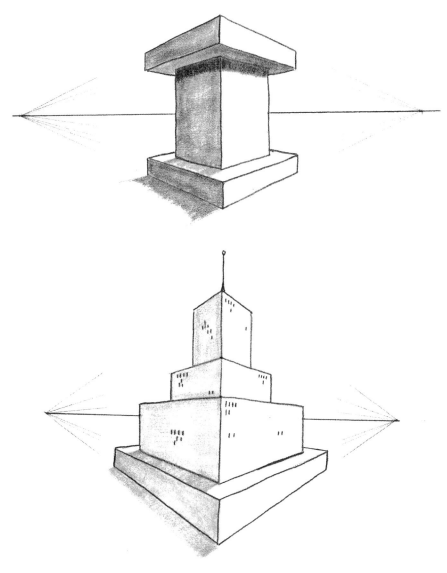

Michael Lane

兩點透視法——城堡

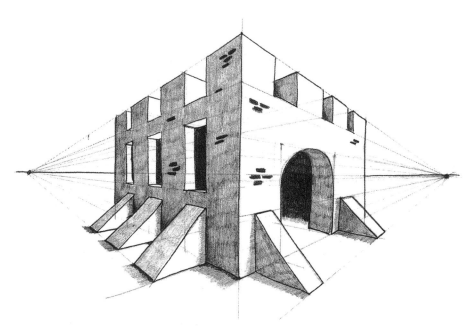

在這一堂課程裡，我們將會藉著比例、配置、明暗、陰影等法則運用和重複練習，建立兩點透視法的繪畫技巧。我們將會練習使用消失點，創造出中世紀城堡像是真實而立體地存在於紙面上的視覺錯覺。

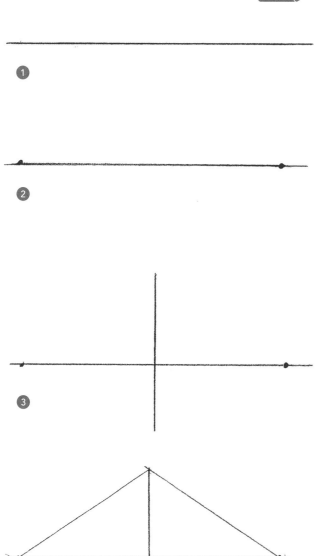

1. 畫一條橫越過整張紙的長長視平線。

2. 畫出兩個引導點作為消失點，就像我畫的一樣。將這兩個引導點分隔得愈遠愈好。如果你將兩個消失點畫得太近，你的兩點透視構圖就會變得相當扭曲，看起來就像是在湯匙背面或圓形的碗上看到的圖像。有個很棒的例子是畫家艾雪所繪的〈球面鏡中的自畫像〉，在畫作中他透過鏡面球體看著他自己的倒影。

3. 畫出城堡的中心線，一半座落在你的視線高度上方，另一半座落在你的視線高度下方。請注意，視線高度指的就是視平線。

4. 輕輕地描繪引導線，作為城堡頂部及底部的邊緣線。

5. 在城堡的中心線上，於視線高度上方及下方各設置兩個引導點。這將會幫助你建立角樓、窗戶及拱壁斜坡的引導線。

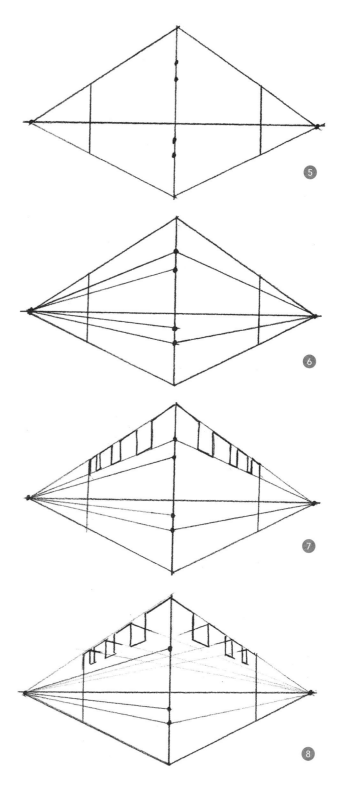

6. 輕輕地用標尺畫出每條引導線。我在數年來嘗試了許多有效的工具，幫助我畫出這些從消失點延伸的引導線。其中一個我最喜歡的方法，就是在畫作後方加上紙板，並在兩個消失點上各插入一個大頭圖釘，然後在圖釘上綁上一條橡皮筋。我會在這一課的額外挑戰題中再詳細討論這個技巧。

7. 畫出角樓，務必要注意垂直線。

8. 小心地用尺將每座角樓較近的一角與相反方向的消失點相連，畫出厚度線。如果角樓在城堡右側，那就將厚度線條與左邊的消失點連接。假如角樓在城堡左側，那就將厚度線條與右邊的消失點連接——正好與厚度規則相反。這是因為厚度規則適用於門、窗戶、洞口等從畫面中切除的空間，而角樓則是事物往外推出的空間。如果你將角樓頂端畫成封閉線條，形成一排窗戶，那麼窗戶厚度的畫法就會回到厚度規則上。很有趣吧？

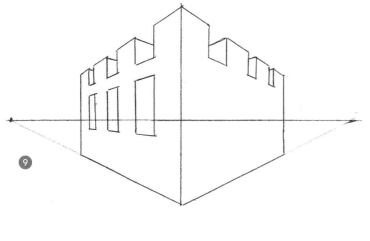

9. 將窗戶頂部與底部和左側消失點相連，好畫出城堡左側的窗戶。要注意垂直線條，下陷的窗戶真的會擾亂你的畫面。這是一個很容易就能避免的問題：在畫垂直線時來回檢視你的紙張邊緣，還有中央已畫好的垂直線。在我畫出其中一條窗戶垂直線的過程中，我可能就反覆看了三、四次紙張邊緣和中央垂直線。

10. 現在，讓我們回到反覆試驗過的厚度規則上：如果窗戶在右邊，厚度就在右邊；如果窗戶在左邊，厚度就在左邊。依照自己的喜好畫出寬或窄的厚度。

11. 用垂直線條畫出一排拱壁斜坡。將每條垂直線條底端與相反方向的消失點相連，好畫出斜坡的底部線條。

12. 畫出拱壁斜坡的頂部傾斜度。記著這個角度，因為接下來的每個斜坡都將會與這個角度完全吻合。

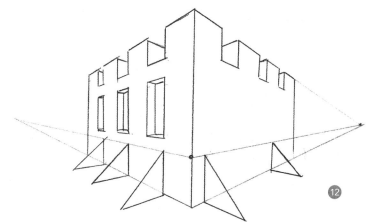

13. 輕輕地描出引導線，從城堡兩側拱壁斜坡的頂部和底部出發，與同側的消失點相連。

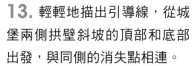

14. 畫出第一個斜坡的厚度，角度要與較近的斜坡線條一致。然後留下一個間隙，再畫出下一個角度一致的斜坡厚度。務必要將下一個斜坡畫得比近處的斜坡還要更薄、更小一些。這是繪畫法則中比例法則的完美視覺範例：比較近的斜坡畫得比較大。將斜坡依序畫得愈來愈小，就會創造出深度的錯覺。這也是配置法則的完美例子：將近處的斜坡畫得比較低，就能創造出它比較近的視覺錯覺；下一個斜坡再畫得稍高一點，看起來就會顯得比較遠。

在城堡右側加上前門。將前門底部較遠的一角與左邊消失點相連，以畫出拱門位於右側的厚度。

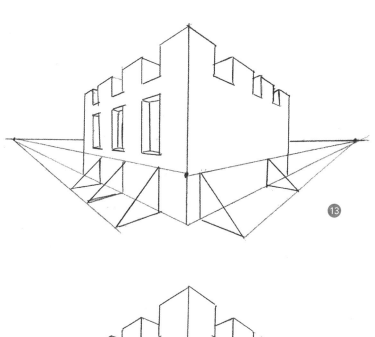

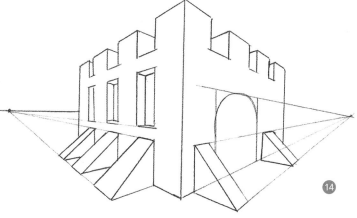

15. 決定你的光源位置，再依照光源位置畫出城堡的明暗。注意我如何在拱門下方畫上陰影。我沒有替窗戶厚度畫上任何陰影，從而創造了光線從城堡內部散發出來的錯覺。也注意沒有畫上任何陰影的窗戶厚度，在旁邊塗黑的內部空間和外牆上的灰色調明暗中顯得特別突出。這個概念就叫做對比（contrast），高低明度的對比會讓物體變得更加顯眼。

加上一些像是磚塊紋路的細節，完成這幅畫。要確保自己用上了消失點延伸出的引導線，好適當地畫出磚塊的角度，就像我在下圖畫的一樣。在大多數案例中，當你加上質感這個細節 —— 在這堂課中則是磚塊紋路 —— 就會帶來事半功倍的效果，也就是說，只要一些零星而分散的質感，就能為整幅畫創造出整體都擁有質感的錯覺。

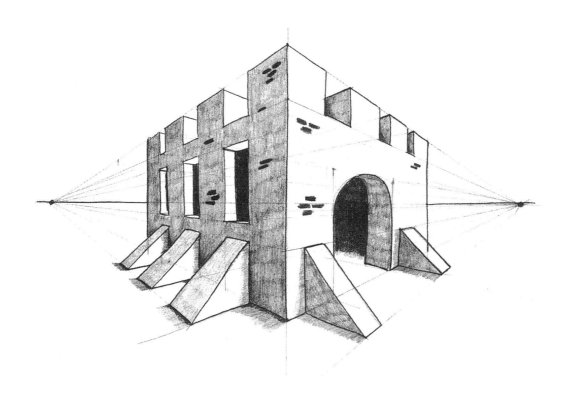

第 25 課：額外挑戰題

1. 找一片大約 30.5 公分乘 20.3 公分大小的紙板。你不需要那麼精準的尺寸，任何尺寸的紙板都行得通。事實上，你之後很有可能要以多種不同尺寸，做出好幾個這種新奇的裝置。

2. 將一張紙固定在紙板中心，紙張的左右兩側分別留下約 7.6 公分的空間。

3. 畫一條穿越紙張中心、延伸到紙板兩側的長長視平線。

4. 在視平線的兩端各畫上一個消失點。

5. 在消失點上各放置一個大頭圖釘。

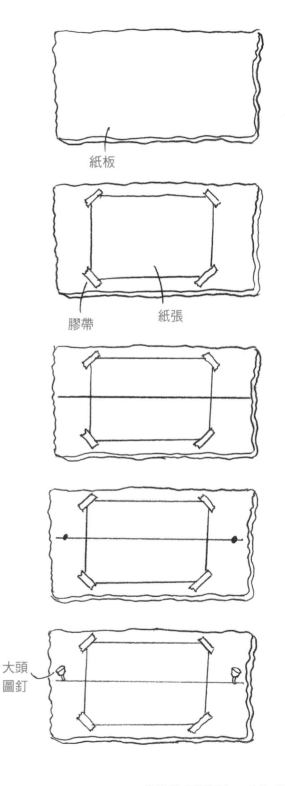

紙板

膠帶　　　紙張

大頭
圖釘

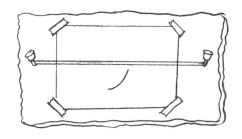

6. 在兩個大頭圖釘之間綁上一條橡皮筋。

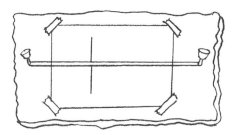

7. 大功告成囉！現在你有個完全可以靈活運用的消失點引導線了。你可以伸展這條消失點引導線，來判斷你繪畫裡所有事物正確的兩點透視消失角度。去做吧！試驗看看！在紙張上任一位置畫上一條垂直線。

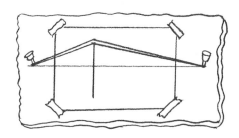

8. 現在，用橡皮筋對準建築物的頂部。

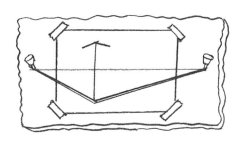

9. 現在，用橡皮筋畫出建築物的底部線條。

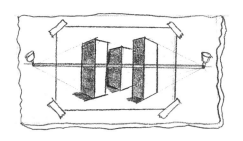

10. 要完成這張圖，就要加入更多的垂直線、明暗及細部修飾。你現在又精通於另一幅用立體繪畫技巧畫出的傑出作品了！

學生範例

看一下這些學生如何在他們的素描本中練習這一課的課程。

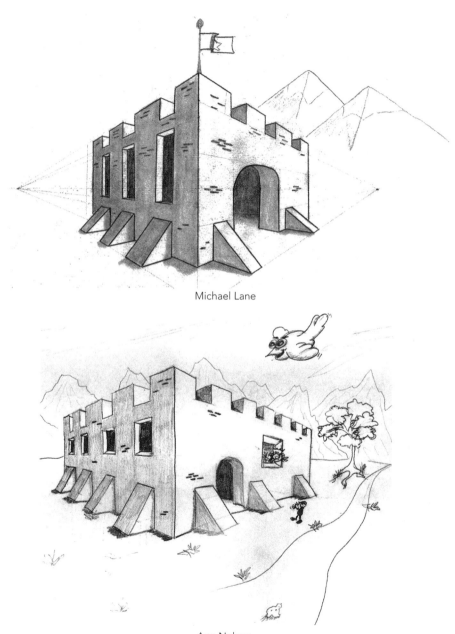

Michael Lane

Ann Nelson

你可以在這頁盡情揮灑創意！

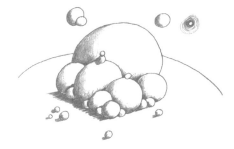

兩點透視法——城市

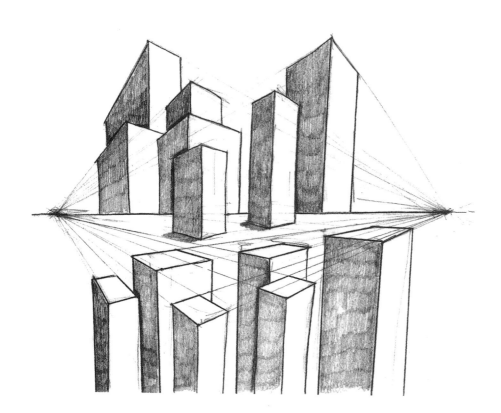

對於想迎接更進階的**兩點透視法**挑戰的人來說，這一課是個極好的練習。我將這些練習打造為**成功繪畫的 ABC 原則**的一環，因為如果沒有投入密集的反覆練習，幾乎不可能學會並掌握一項新的繪畫技巧。要讓一個人真正理解並享受音樂、語言、閱讀、運動──當然，還有繪畫領域，練習都是不可或缺的。

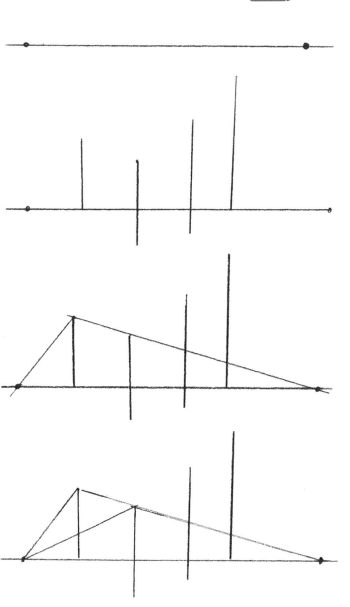

1. 輕輕地畫一條橫越過整張紙的長長視平線。畫出兩個消失點。

2. 畫四條垂直線，來設定四棟城市建築物中較近的那一角。注意，我只將其中兩條垂直線畫得越過視平線，同時出現在視平線上方及下方。

3. 開始畫出左側的建築物。輕輕地畫上從消失點延伸的引導線，以畫出建築物頂部。注意建築物底部會藏在視平線下方，它們超出了你的視線高度所及的範圍，因此會消失在你的視野中。

4. 繼續畫右邊的下一棟建築物。輕輕地為這棟建築物頂部及底部畫上從消失點延伸的引導線。

5. 繼續畫下一棟建築物，持續重覆這個程序，以垂直線來完成這第一批的建築物。

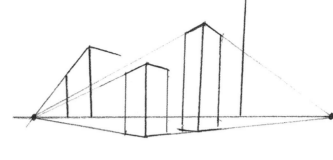

6. 運用重疊法則，畫出右側遠方的建築物，將它放置在較近的建築物後方。

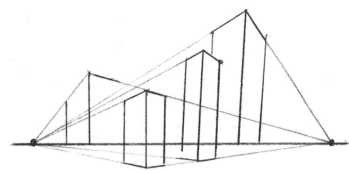

7. 從其他建築物頂部往下畫出更多垂直線，創造出深度與擁擠的城市天際線。

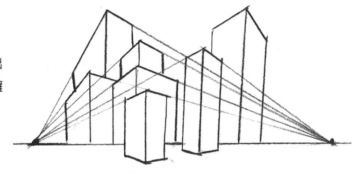

8. 清理多餘的線條。

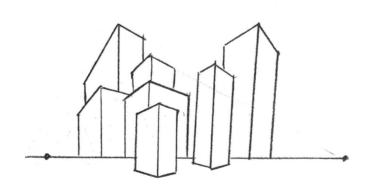

9. 輕輕地從消失點畫出引導線，創造出另一邊建築物的頂部。畫一條垂直線，決定你想要將位於視線高度下方的建築物放在哪裡。

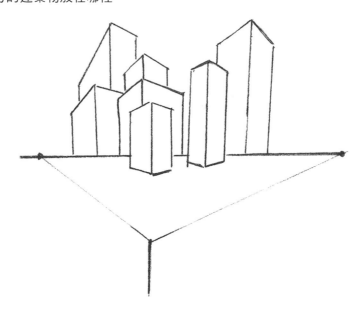

10. 以兩條垂直線來決定另一邊高樓的厚度。

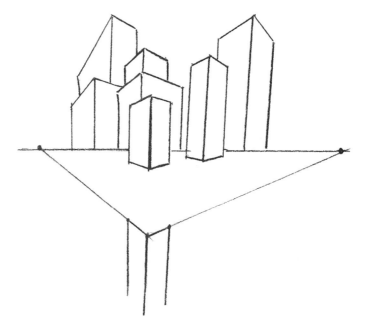

11. 用你的標尺輕輕地從消失點延伸出引導線，畫出屋頂右後方的角落。請在另一個角落也這麼做，然後你瞧，你已經畫出一個稍微敞開的前縮透視方形了。

　　現在，你可以理解為什麼我們在之前的課程中要練習這麼多次的前縮透視方形了。前縮透視方形就是兩點透視法在運用上的理想範例。你可以在不理解兩點透視法的情況下畫出立體繪畫，就像你在不知道引擎如何運作的情況下也能開車，或在不知道電腦運作模式的情形下仍能使用它。但是，了解兩點透視法能讓你在未來繪圖時開啟創作可能性的嶄新視野。

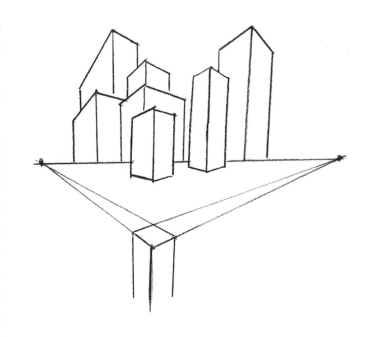

12. 用中心處的一條垂直線，開始畫出另一棟摩天大樓。用你的標尺輕輕地從消失點畫出引導線，創造出屋頂。在這個練習中，讓我們將這些大樓都畫得非常高，高得它們會延伸至我們的視野以下。只要將這些位於視線高度下方大樓的所有垂直線，筆直地畫到紙張底部就可以了。

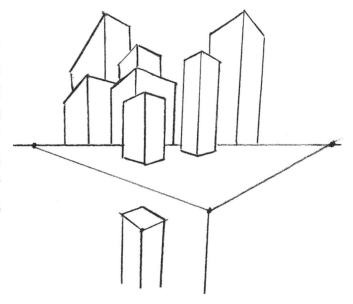

13. 畫出垂直線來決定建築物的厚度，然後輕輕地從消失點畫出引導線，創造出建築物的屋頂。

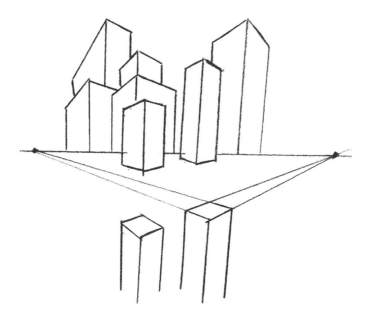

14. 畫出全部的建築物，一而再、再而三地使用這個從消失點畫出引導線的技巧。

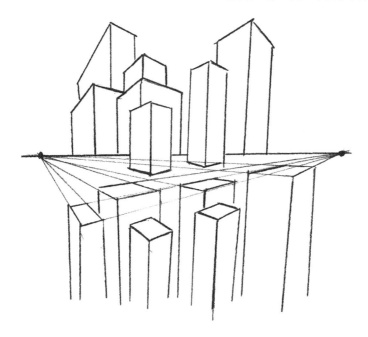

15. 設置光源的位置，在所有背對光源的表面上都加上明暗。注意我如何用力地畫出非常深的隱蔽處與縫隙陰影，好讓重疊的建築物邊緣線更為明顯。這種加深的邊緣線，或說某樣物體在其他物體前方的清晰線條，是很多插畫家都會運用的重要工具。

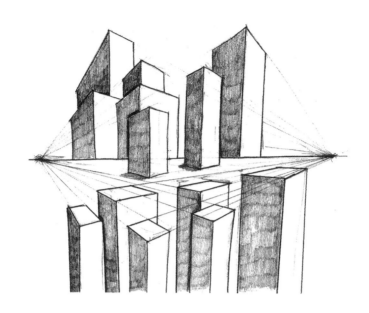

　　既然現在你已經知道要從哪裡找圖，我要給你一個挑戰：去找一幅沒有運用到這個工具來區分物體的連環漫畫、雜誌插圖或博物館畫作。

第 26 課：額外挑戰題

　　這裡有個好玩且有趣的不同層面的挑戰題：上網搜尋新天鵝堡（Neuschwanstein Castle）*的圖像，它是一座在德國相當有名的城堡。據信這座城堡就是迪士尼樂園中灰姑娘城堡的原型，也是你在電影院或 DVD 上看到的迪士尼電影商標圖案的靈感來源。在網路上瀏覽幾張新天鵝堡的照片，直到你找到一張真正喜歡的。務必要選擇一張視線高度是朝向城堡底部的，好讓所有城堡的尖塔都位於你的視線高度上方，衝向天際。

---

* 譯註：新天鵝堡（Neuschwanstein Castle），又譯新天鵝石城堡，是 19 世紀晚期的建築，位在今天的德國巴伐利亞西南方。

將圖像放大到全螢幕，然後將它列印出來。用膠帶將這張照片黏在夾板上，要再次確認這張夾板比相片更大，左右兩側均大了 7.6 公分以上。現在在相片上方用膠帶黏上一片可書寫的塑膠投影膠片。

　　用一把尺和一枝黑色粗字筆，找到並描出這張相片中與視線等高的視平線。現在，從城堡最高點及最低點畫出引導線，以設置消失點的位置。繼續畫出你所能在相片中找到的不同角度的引導線，將線條畫向消失點。

　　注意看主要建築物兩側的所有窗戶，與深色的屋頂、突出的屋頂尖塔和屋頂窗戶都在同一條引導線上。你看，甚至連較小的側邊城堡和較高的瞭望塔也都落在消失點延伸的引導線上。

學生範例

　　看一下學生如何在他們的素描本中練習這一課的課程。這是能讓你在素描本裡畫上三、四次的一課，而你也可以加入像是人物、窗戶或門等等的額外細節。

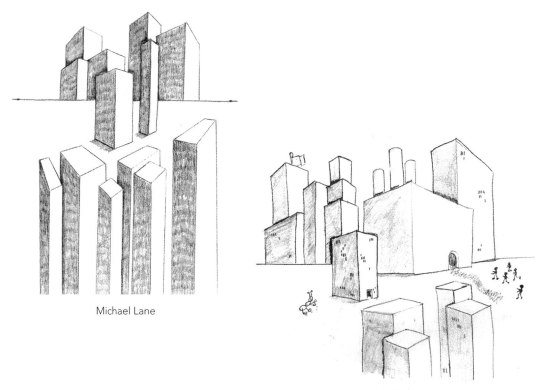

Michael Lane

Ann Nelson

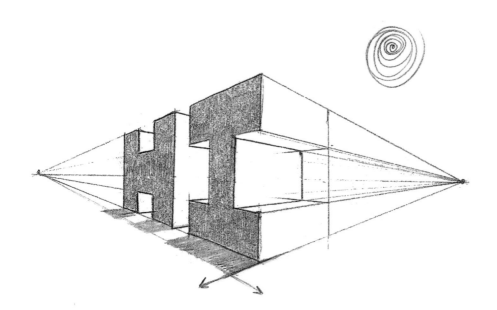

兩點透視法——字母

在這一堂課中，我選擇以**兩點透視法**描繪字母，因為它是最具有挑戰性、最有趣，同時也是視覺效果最好的。讓我們用簡短、由兩個字母組成的字「Hi」，來開始畫兩點透視法的字母。之後你就可以用較長的單字來試看看。

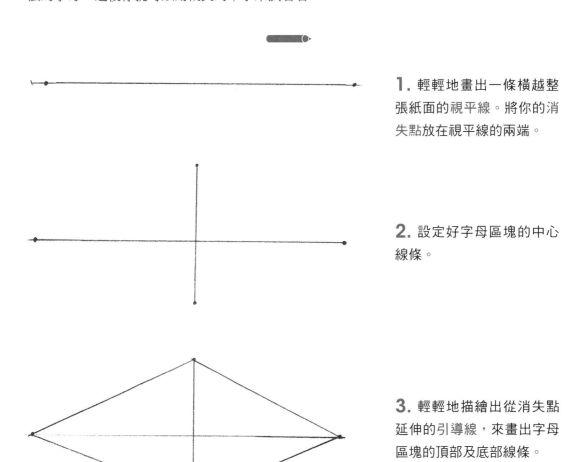

1. 輕輕地畫出一條橫越整張紙面的視平線。將你的消失點放在視平線的兩端。

2. 設定好字母區塊的中心線條。

3. 輕輕地描繪出從消失點延伸的引導線，來畫出字母區塊的頂部及底部線條。

4. 決定字母區塊的正面位置。請務必將較近的字母區塊畫得較大。這是比例法則一個很棒的例子，你想要讓哪個字母看起來比較近，就自動遵照消失點引導線的角度，將它畫得大一點。在未來你要畫上三個或甚至更多個字母時，這一點就會變得更加重要。

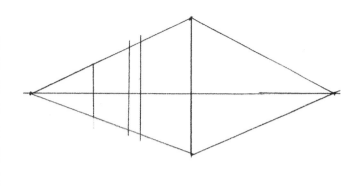

5. 緊緊跟隨你的引導線，畫出字母 H 的正面。切記這垂直線有多麼重要。來回掃視紙張邊緣與中心處的垂直線，以確保你的字母 H 正確成形。

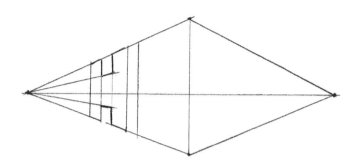

6. 繼續塑造出字母 I。現在你能清楚看見比例法則在創造立體視覺錯覺上所扮演的主導角色。

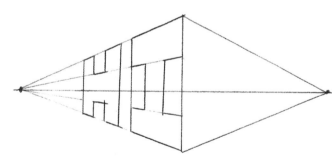
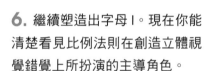

7. 輕輕地在右側描繪出厚度的消失點引導線。

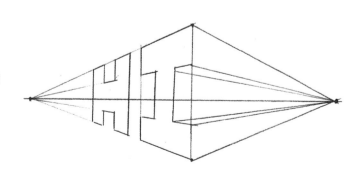

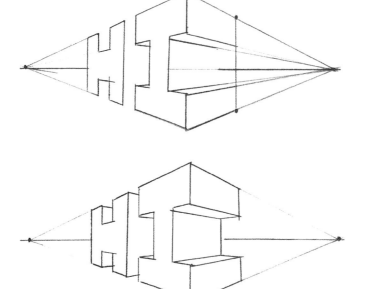

8. 畫上兩個引導點來設定字母 I 角落的厚度。畫出連接這兩個引導點的垂直厚度線，並透過消失點延伸的引導線完成其餘的厚度。

9. 在字母 I 的主幹位置畫上垂直線，畫好厚度。現在，小心地將字母 H 的所有角落都與右側的消失點相連。

10. 設置你的光源處，並將所有背對光源的表面都畫上陰影。花個幾分鐘時間來擦除多餘的線條。

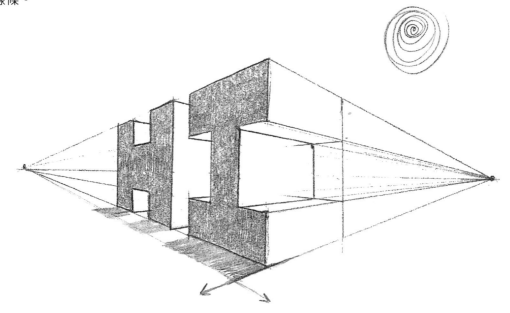

第 27 課：額外挑戰題

　　與其給你一步一步的指令，我要直接告訴你一個簡單的事實：你已經練習過每一項完成下圖所需的繪畫法則（許多次了）。千萬別讓這一課最後的挑戰題淹沒了你的自信。記得一次只需要畫一條線，保持線條簡潔，創造你的消失點。畫上你的區塊，決定你字母的位置，並加上厚度。好好地享受其中的樂趣。要完成一幅畫，或許會花上你一個小時或甚至更久的時間，所以為你自己找個好位置，好沉浸於這個視覺遊戲中。看一下安（Ann Nelson）是如何用兩點透視法來畫出下圖中「Time to Draw」的字母，然後翻到下一頁去看她如何寫出她兒子的名字，還有「United States of America」這些字母。思考一下你自己想寫的單字詞彙，並將它用兩點透視法的字母繪出。

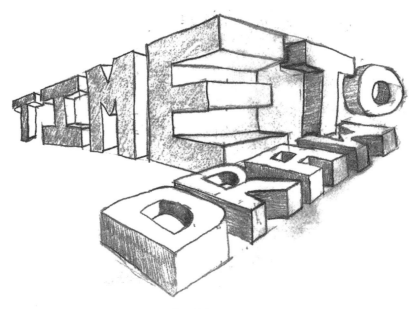

Ann Nelson

學生範例

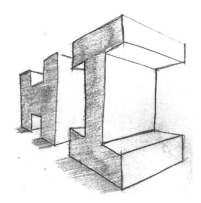

Ann Nelson

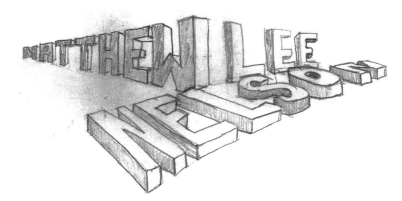

Ann Nelson

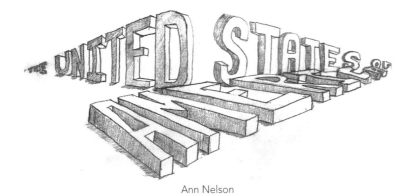

Ann Nelson

人臉

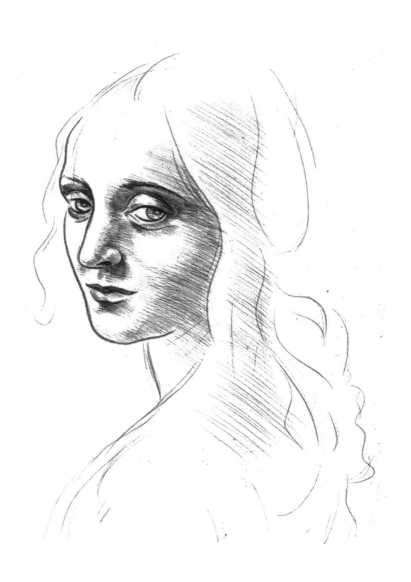

在我看來，達文西、米開朗基羅和林布蘭是歷史上最懂得畫立體繪畫的藝術家。他們那超群的天賦，即使經過了五個世紀，仍舊令人崇敬。但是，在他們成為藝術大師之前，他們也是學生。他們經年累月地經由研究、複製及描摹導師的作品，才學會如何繪畫。

無論是用透明夾板來捕捉戶外的自然景色，或是用你的大拇指測量遠處的物體大小，描摹都會使你的信心大增。我的重點是：為什麼要浪費時間做無用的事呢？為什麼要要求學生坐在模特兒前方，堅持在不教給他們任何基本技巧 —— **明暗、陰影、比例、配置、重疊、輪廓線、前縮透視**和其他重要的繪畫法則 —— 的情況下，要他們畫出眼前的模特兒呢？為什麼不讓學生描摹歷史上最偉大藝術家的畫作，來學習如何畫人臉、人體及人物舉止呢？

在這一課中，我已經描摹了達文西畫作〈岩間聖母〉（*The Madonna of the Rocks*）的天使預備習作。我要你用鉛筆在透明描圖紙上描摹出這幅圖像。試著描摹這張圖十次、二十次或三十次。先不用擔心明暗的問題。

1. 用 S 形曲線描摹這美麗的臉龐、額頭、臉頰及下巴線條。

2. 描摹鼻子和前縮透視的鼻孔。注意鼻子的尖端是膨脹成球莖狀的，就像是鼻孔上的一塊突起。一路沿著鼻樑，畫出眼睛上方的眉毛。注意到了嗎？達文西運用了繪畫法則中的重疊法則。

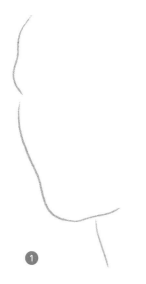

1

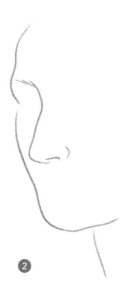

2

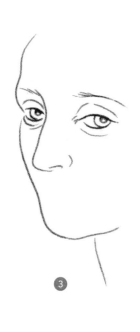

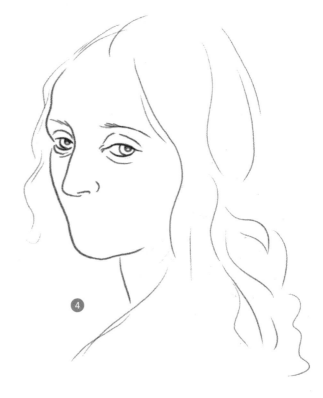

3. 慢慢來，用繪畫的比例法則來描摹
這雙充滿感情的雙眼。注意達文西是
如何透過將近處的眼睛畫大一點、將
眼皮重疊在眼球上的方式，來處理深
度的錯覺。

4. 就如同達文西做的一樣，以鉛筆筆
觸畫上一些簡單而纖細的 S 形曲線，
好畫出形塑她的臉及額頭的頭髮。

5. 畫出她的嘴唇。注意上唇是在哪裡
往下沉的，鼻子正下方的嘴唇中央隆
起處，又是如何與上唇下沉的地方互
相對齊的。也看看下唇是如何用兩個
略帶陰影的球形所繪製的。

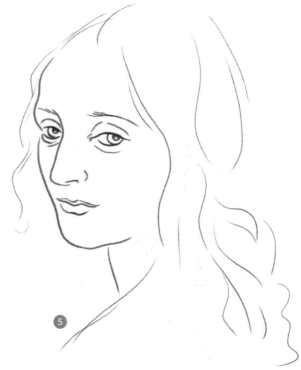

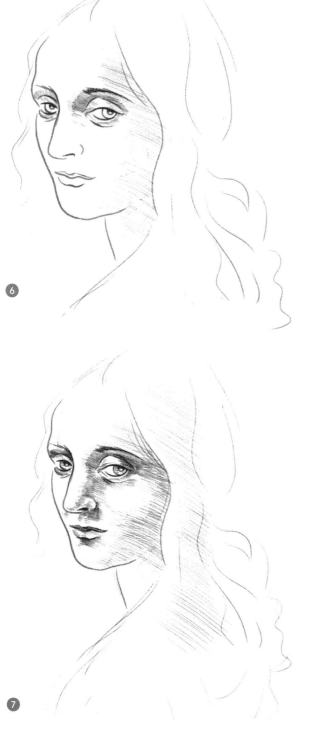

6. 在描摹這張圖像大約十次之後，開始用一張全新的描圖紙再次描摹那動人的臉龐。這一次要開始畫上明暗，所以請在描摹好線條後，將描圖紙從達文西的畫作上移走，將它放置在一張白紙上。達文西在哪裡設置光源處呢？陰影最深的三個區域分別是在哪裡呢？最亮的三個區域又分布在哪裡呢？請非常淡地描出三個最亮的反光區域。

　　當你在畫明暗時，比較好的方式是由淺至深地去畫。你隨時都能加入陰影來使一個區域顯得更深、更暗，要使一個暗的地方變亮就困難多了。

7. 從非常淺的地方開始畫上明暗，一直畫到非常暗的地方，研究並複製達文西透過調和明暗，將額頭、雙眼和臉頰的曲線輪廓畫得更為分明的手法，也就是我們在第一課中的簡單球體所學到的。享受這個研究並複製達文西為眼睛、眼皮、瞳孔和淚腺畫上明暗的過程——這位偉大藝術家畫上的明暗多麼優雅！你能想像達文西和你一樣為相同的淚腺增添明暗嗎？你能想像他將眼皮重疊在瞳孔上時的創意思考過程嗎？（你感覺到自己此刻在藝術上與達文西互相交會了嗎？你能否寫封電子郵件給我，告訴我《達文西密碼》真正的祕密？）

8. 將鼻尖幾乎維持白色，作為反光的區域。以調和的鉛筆筆觸為鼻子畫上明暗。留意達文西如何只用調和明暗，而不用任何明顯線條，就使鼻孔成形。謹慎輕柔地繪出嘴唇的明暗，輕輕地將下唇的兩個球體形塑得更具體一點。運用兩條 S 形曲線，使分隔上下唇的中心線條變得更為清晰。

　　好了，你完成了。你已經透過達文西學習到人臉繪畫上的細微差異！我鼓勵你再多描摹幾次，並畫上完整的明暗。在達文西的素描本中，滿滿都是一張臉、一隻手、一個耳朵或甚至是腳趾的練習、複製和描摹。上網搜尋米開朗基羅、達文西及林布蘭的素描本，尋找練習的靈感。

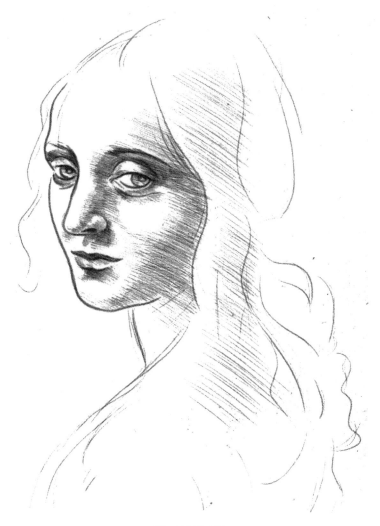

Ward Makielski

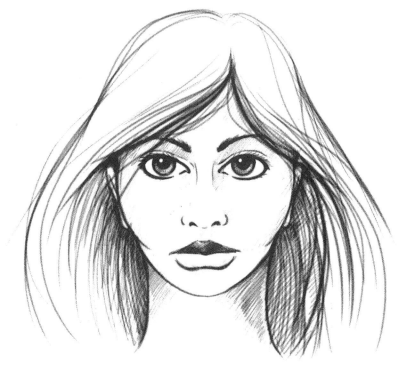

Ward Makielski

　　從偉大藝術家的作品描摹人臉與身體，是很能幫助你建立自信的練習，我希望能藉此激勵你成功地研究、複製並描摹許多由達文西及其他藝術家所畫的人臉和人體。

　　如果用照片來描摹，也會很好玩的。試試看這個方式：選一張對你來說很特別的人的相片，將它在影印機上放大影印（如果可以的話，將影印機的模式設定為黑白灰階的影印模式；灰階的黑白相片很適合用來複製、研究、描摹，因為它會呈現出自身的明暗）。

　　將你在研究達文西畫作中所學到的東西記在心裡，讓我們來學習如何畫一張直視著你的臉。幾個世紀以來，藝術家已將人體精確地區分成幾個不同的區塊，以將真實世界中所見的一切轉移到紙面上。讓我們一起來練習畫這張人臉。我很好奇你是否能夠區辨我的卡通風格和達文西巨作間的差別？

1. 一開始先畫一個頂部較大的橢圓形，作為人臉。

2. 由上而下畫出一條穿越中心的垂直線，並在靠近中央處畫出一條水平線。這會成為你決定雙眼位置的引導線。

3. 在眼睛引導線與底部下巴中間，畫出另一條水平線。這條線將會是鼻子位置的引導線。

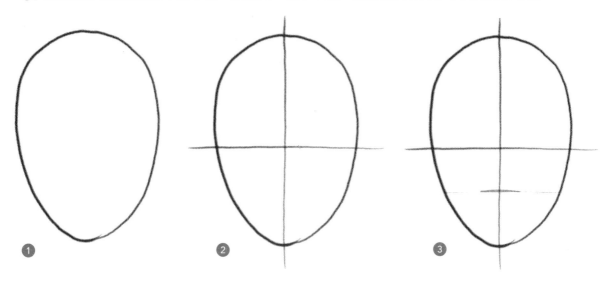

4. 在鼻子引導線與底部下巴中間，再畫出另一條水平線。這會是嘴唇位置的引導線。

5. 將雙眼的引導線分成五等分。先在中間用兩條線開始劃分，然後再將其餘的等分劃分出來。

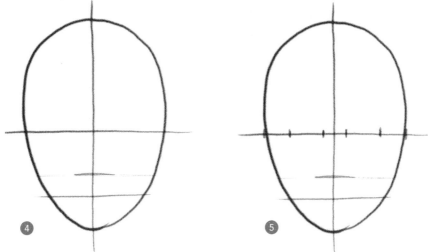

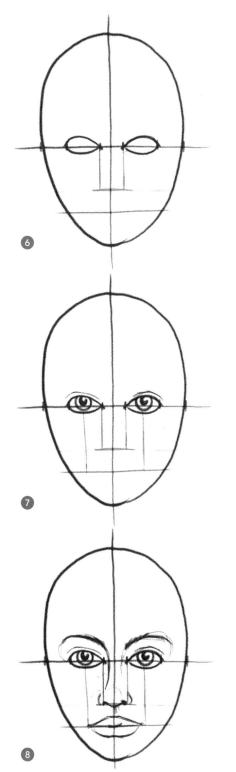

6. 以檸檬形狀畫出雙眼的外形，淚腺的位置要畫在眼睛內側。從雙眼的邊緣往下延伸到鼻子引導線的位置，輕輕描繪出一個長方形。人類的眼睛有許多種形狀和尺寸，我們下一堂課會再探索這個部分。

7. 畫上眼皮、眼球等細節。從眼球中心點各畫下一條垂直線，用以設置嘴唇的位置。

8. 畫上嘴唇，要記得你在研究達文西畫作時學到的、讓彎曲輪廓變得更明顯的調和明暗。接著畫出鼻子及眉毛的形狀。

9. 你知道人類平均的頭部重量大約為 7 公斤重嗎？差不多就像一顆保齡球一樣重。當你在畫脖子時要謹記這件事：你所畫的脖子要承擔相當的重量。它不是一支冰棒棍，而是一個具有厚度的圓柱體。以鼻子的引導線作為圓柱體的頂端，往下漸成錐形線條，在喉嚨部分往內縮，延伸到肩膀時再向外漸漸擴展出去。在雙眼和頭頂中間畫上髮際線。

　　現在，用雙眼和鼻子的引導線來畫耳朵。用流動的 S 形曲線開始畫頭髮，銘記髮型整體的樣子。

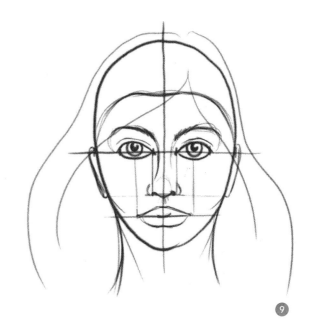

⑨

10. 畫出額頭、太陽穴、顎骨及脖子。畫上幾縷頭髮，像達文西畫的風格一樣。好好享受以調和明暗為這張臉畫上陰影。記得要先從最淺最亮的區域開始（想想你的臉哪些位置最先曬傷）：額頭的中心處、鼻尖部分，還有臉頰及下巴的頂部區域。專注於將這些區域維持在幾乎全白的反光狀態。在遠離光源處的地方逐漸加深陰影，也就是臉的上方和前方。

　　完成了！你已經研究了達文西天才般的筆觸，也學會了人臉的精準十字線架構。

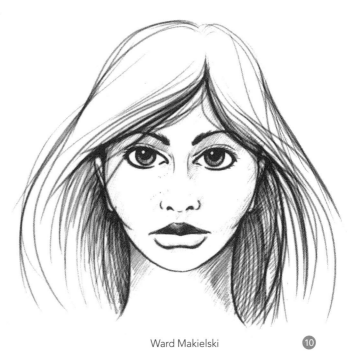

Ward Makielski

⑩

學生範例

　　看看下圖，這是蜜雪兒在〈人臉〉這一課裡的繪圖。她做得非常傑出，以她自己的風格來詮釋這一堂課。相較於我的卡通／漫畫的風格，她的繪圖顯得寫實許多。

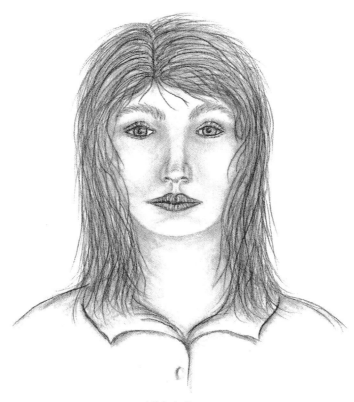

Michele Proos

　　※ 謝謝我的藝術教育同仁艾莉森（Allison Hamacher）和華德（Ward Makielski）在這些課程中給予的大量幫助。

靈性的人類眼睛

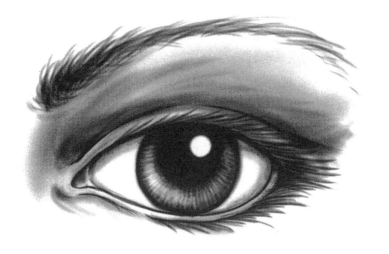

眼睛絕對是一個人的靈魂之窗。但是，要如何捕捉它那充滿靈性的神采呢？

為了要畫出立體的眼睛，我想要你先去拿一面小小的鏡子。當你在桌上繪畫時，就將這面鏡子立在你旁邊。在進行這一堂課時，我想要你仔細地看著自己的眼睛。這個技巧是我在數年前，到夢工廠旗下的 PDI 工作室拜訪學生時所學到的。

當時的動畫師正投入於《史瑞克》的製作，他們的繪製工作站中有許多台電腦、顯示器、多種繪圖板和螢幕，十分有趣地，還有兩面鏡子分別擺在他們繪圖桌的兩側。當動畫師正在描繪史瑞克身上的不同部位時，我看見他們朝向鏡子做出皺眉陰鬱的表情，以畫出史瑞克同樣皺眉陰鬱的臉。當他們在畫史瑞克的雙手時，我也看見他們以不同姿勢將自己的手舉高。看著這些世界級的藝術家將史瑞克栩栩如生地呈現出來，真是令人興奮。現在，讓我們為你的素描本注入生命力吧！我們來畫眼睛。

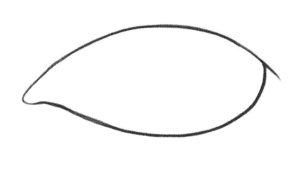

1. 在桌子前方，照著鏡子。在這一課裡，我們會畫出有著檸檬形狀的眼睛，並讓檸檬的尖端朝向鼻子，作為淚腺。在你畫出更多眼睛（毫無疑問地你一定會畫出上百隻眼睛，它們太酷了）之後，你將會注意到眼睛形狀有許多種變化 —— 在這個星球上有多少個人類，就有多少種眼睛。在這一堂課中，我們會用上簡單的檸檬形狀。

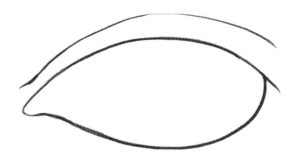

2. 照著鏡子，仔細看一下你左邊的上眼皮。注意看皺褶是如何隨著眼睛的輪廓線條而形成的。從淚腺的位置開始，畫出上眼皮。

3. 畫一個相當圓潤的圓形，呈現出稍微藏在眼皮下方的虹膜。我們正在運用繪畫中的<u>重疊</u>法則。請記得虹膜的形狀是一個渾圓的圓形，而不是橢圓形。看一下你的鏡子。仔細看看沿著下眼皮上緣延伸的厚度線條。像這樣有趣而微小的細節，就是你會想要尋找並畫下的。這些細節會讓你所畫的眼睛真正地令人驚嘆，少了它們，你的畫作看起來就不寫實了。

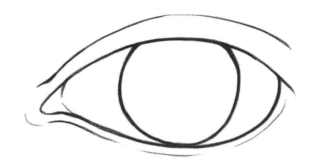

4. 再次地照著鏡子。仔細地看看虹膜中心的瞳孔。注意它那完美的圓形，還有黑色圓形裡的極小反光點。在你的虹膜中間畫出圓潤的圓形瞳孔，輕輕畫出一個小圓圈狀，用來保留眼睛裡反光的位置。

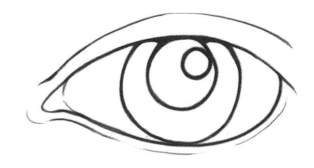

5. 再照著鏡子。再次仔細地檢視你的瞳孔。看看瞳孔的深黑色澤，還有反光的明亮位置。畫出這個帶有反光點的深色瞳孔。

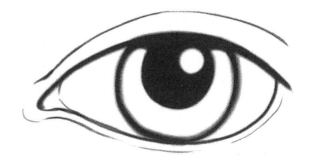

6. 繼續照著鏡子。仔細地檢視瞳孔周圍的虹膜區域。再看一次。現在，再看一次。這就是光、色彩、濕度和形狀交織下的傑作，多棒的細節！

　　當你畫虹膜時，利用鉛筆的筆觸，從深色瞳孔向外畫出輻射狀的線條，這些線條的長度要有點變化，有些畫得短，有些畫得長。當你開始嘗試使用色鉛筆繪畫時，我將會極力推薦你從這一課開始（運用色鉛筆畫眼睛虹膜是一種……我該怎麼形容呢？一種非凡的體驗！）。

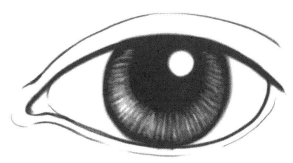

7. 畫上你那燦爛的眉毛。從鼻樑的位置開始，畫上根根分明的毛髮，直到完成整個眉毛。以單一的流動線條來畫，離鼻樑愈遠，毛髮的角度就畫得愈水平。沿著眼皮內部畫出眼睛的明暗。

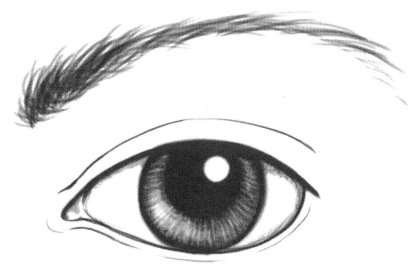

8. 照著鏡子。仔細地檢視你的眼睫毛。注意你的眼睫毛是如何成簇地結集成兩三個群體，而不是單一的獨立毛髮。注意眼睫毛從上眼皮最近的邊緣線就開始生長，也注意看它們如何隨著眼睛的輪廓線，從你的眼皮向外捲出。畫上一些以三根為一個單位的眼睫毛，要注意你畫的位置，確保自己將它們畫在最接近眼皮的邊緣線上。小心別畫上太多眼睫毛，也請避免將它們畫得太垂直。

　　接下來的步驟是加上明暗。這是這一課中讓你的眼球真的從紙面上躍出的步驟！總共有五個區域要加上陰影。第一個區域就是上眼皮下方，也就是整個眼球長度的範圍。第二個區域是下眼皮的厚度線上方，也就是眼球上的位置。剛開始畫時，先將這些明暗畫得非常淡；你可以稍後再畫得更深，建立起更強烈的反差（如果你一開始就畫得太深，它看起來會像畫得非常厚重的哥德式眼妝——除非這就是你想要畫的效果）。

　　第三個區域是你上眼皮的小皺褶，也就是將你的眼窩與眼皮分開的線條。第四個區域是你的眼窩底部，在角落靠近鼻子及淚腺處會畫得比較深。這個陰影需要經過調和，並會一路延伸至臉頰。

　　就像達文西以調和明暗而非銳利的深色邊緣線畫出〈蒙娜麗莎〉的雙眼輪廓一樣，你也可以用調和明暗使你的立體眼睛顯得更為柔和，輪廓也更為分明。務必加深並調和第五個區域的明暗，也就是位於眼窩及眼皮角落所有極小的隱蔽處與縫隙處的陰影。

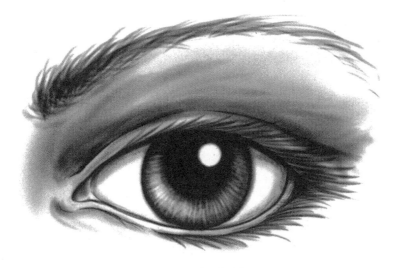

Ward Makielski

第 29 課:額外挑戰題

我熱愛畫眼睛,一旦你畫得愈多,你就會愈喜愛它們。在繪製人類、動物或生物的臉時,眼睛是最重要的單一元素。在你的素描本裡多畫上幾隻眼睛,一些透過照著鏡子的方式畫,另一些則透過 YouTube 網站搜尋「如何畫眼睛」的影片,跟著教學練習。網站上有些相當出色的業餘教學影片,你一定會樂在其中的。

學生範例

偷看一下這些學生是如何在這一堂眼睛課程裡完成練習的。

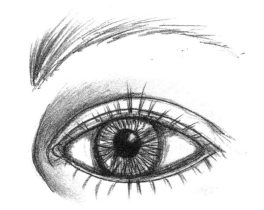

Allison Hamacher

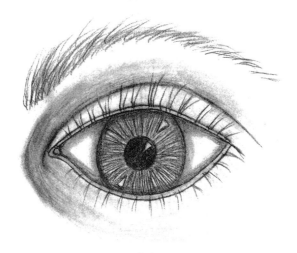

Michele Proos

有創造力的手！

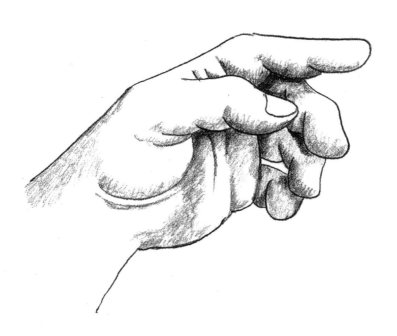

手是我們最具表達力的肢體！在這一課，我們會一口氣將截至目前為止所學的九大繪畫基本法則都集結在一起，同時運用。讓我們來溫習一下每一個法則，看看如何將它們運用在這堂課程中。看下圖的手，並注意以下九個法則：

1. **前縮透視**：這整隻手是朝遠離你的方向傾斜的。當手向外傾斜，它在你眼中看起來就會變得扭曲。
2. **配置**：在紙張表面上，大拇指被畫得比食指還要低；這創造出大拇指比較近的視覺錯覺。食指在紙面上被畫得比較高，所以從你的視線看來，它就顯得比較遠。
3. **比例**：在與其他手指相較之下，大拇指被畫得較粗也較大，創造出了它比較近的錯覺。
4. **重疊**：每根手指都與另一根手指重疊，創造出畫面中的深度。
5. **明暗**：手上所有背對光源的表面，都由深至淺地繪上了調和明暗。調和明暗創造出了深度的視覺錯覺。
6. **陰影**：手指之間的深色陰影將每根手指都區隔開來，並使物體的輪廓更為分明。
7. **輪廓線**：手指和手掌上的皺紋包覆了整隻手的形狀。這些輪廓線賦予了這幅畫體積、形狀及深度。
8. **視平線**：這隻手被畫在你的視線高度下方。你可以透過前縮透視來辨別，它是以俯視角度被畫下來的。
9. **密度**：若要更進一步創造出深度的錯覺，你可以畫出許多隻更深更遠的手。將較遠處的手畫得淡一點，也少畫一點細節，就能創造出距離感。

　　現在讓我們開始畫這隻充滿創造力的手！

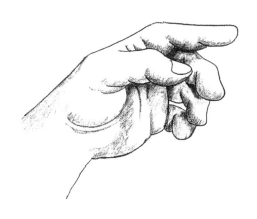

1. 看看左頁下方的圖畫。現在，請將你的左手擺出與它相同的姿勢。注視著你的手，注意你的大拇指和其他手指是怎麼與你的掌心相連的。注意看你的掌心，它是一個敞開的前縮透視方形。畫下這個方形。

2. 再次地看一下你的左手。注意手臂至手腕的這段線條呈現的錐形形狀。畫出這稍呈錐形的手腕線條，同時用比例來創造出深度。

3. 注視著你的左手，看看你的大拇指如何透過兩個指節，朝背離手腕的方向彎曲。畫出這兩個指節。注意每個指節都有著些微的彎曲。

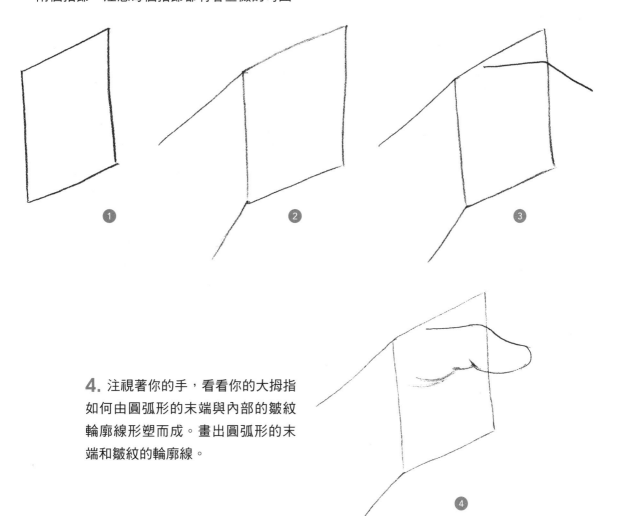

4. 注視著你的手，看看你的大拇指如何由圓弧形的末端與內部的皺紋輪廓線形塑而成。畫出圓弧形的末端和皺紋的輪廓線。

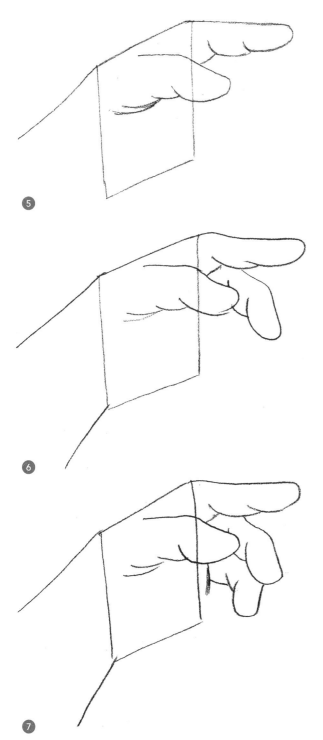

5. 持續地看著你的左手。覺得一直舉著手很累嗎？你永遠可以用手機或相機拍下一張數位照片，再透過螢幕或列印出來的照片跟著畫。但是直接從現實世界的事物中描繪光線、陰影和真實的深度，真的是非常好的練習。注意看你的食指是如何從掌心向外彎曲的。注意看重疊的皺紋輪廓線是怎麼讓你的食指區分為三個指節的。用這些重疊的指節曲線來畫出食指。

6. 注視著你的左手，看看中指如何以兩個不同的角度向下彎曲。看看重疊的皺紋線條如何區分出中指的指節。運用這些線條畫出中指。我希望這個步驟能讓你想起我們在第十五課中所練習的輪廓線。請記得我們是如何運用表面上的曲線來決定管形的方向的。我們現在這個步驟就是在做同樣的事，手指正是有著彎曲輪廓線的小型立體管形。

7. 看看你藏在其他手指後方的無名指。注意看，當手指離你愈遠，它就變得愈小。畫出無名指，將它塞在其他手指下方。用一條重疊的皺紋線條，將無名指塞進掌心。

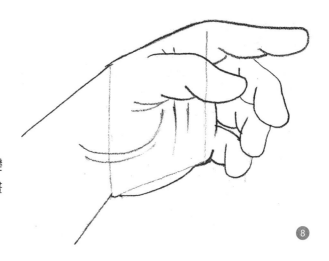

8. 注視你的小拇指。注意它的重疊、錐形線條、指節，以及使每個指節變得分明的皺紋輪廓線條。現在，請畫出小拇指。

8

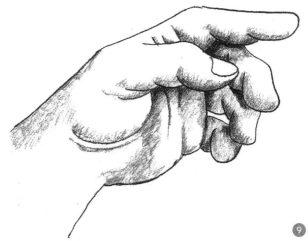

9. 在這一個步驟裡，請你非常仔細、非常專注地看著你的左手。花一些時間，察覺出室內的燈光如何打上你的手，產生由底部逐漸調和開來的明暗。注意每根手指之間深色的隱蔽處與縫隙陰影，看看這些陰影如何使每根手指的邊緣線更加分明。看看掌心上環繞你的手的皺紋，如何為你的手賦予形狀與體積。現在，運用這些觀察和九大繪畫基本法則，完成手部的描繪。

9

第 30 課：額外挑戰題

在你的素描本裡，用三種不同的手部姿勢來練習畫你的手。為了鼓勵你，請你看一下這些學生在素描本中所畫的手。這是為我們三十堂課的旅程作結的完美視覺圖形：你那充滿創造力的手！你的手、你的想像力、你的素描本……享受在這驚人的立體繪畫世界中未完待續的探索吧！

學生範例

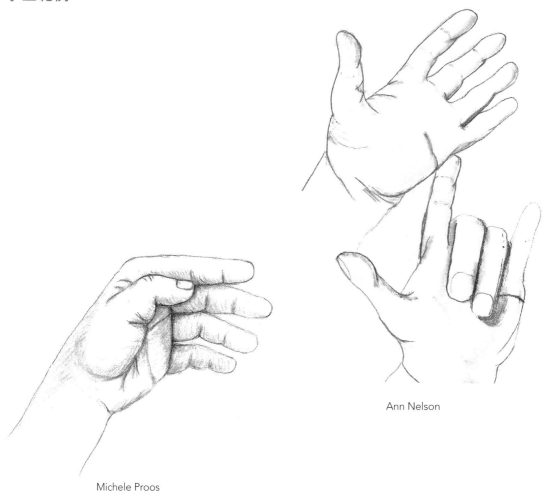

Ann Nelson

Michele Proos

結語

　　我想要謝謝你們在這三十堂課程中與我共享的時間。你們達成了多麼了不起的成就啊！這三年以來，寫這本書一直是個相當激烈的創作力勞動，有時候很令人興奮，也有時候（在第十七次的編輯階段）很像根管治療療程。但我的朋友麥克奈爾（McNair Wilson）說：「它本來就應該很難，它是藝術啊！」我相信你發現了這趟旅程很值得，就像我一樣。請花個幾分鐘到我的網站，寄封電子郵件給我：www.markkistler.com，讓我知道你對這本書的想法，並和我分享你閱讀的過程。也請你掃描幾張你最喜歡的圖寄給我（圖片解析度300 DPI，低一點也可以）。我很期待看見你的創意作品！這只是一個開端而已，一場能夠讓你的生活更豐富的創意發現與視覺表現之旅正要展開！我很榮幸你選擇激發自己的熱情，與我一起繪畫。保持每天畫畫，二十或三十分鐘都好，這麼做將會持續滋養你的心、你的精神，還有你的靈魂。

　　盡情夢想吧！繪畫吧！就這麼做！

馬克‧奇斯勒
於德州休斯頓

你可以在這頁盡情揮灑創意！

你可以在這頁盡情揮灑創意！

一枝鉛筆就能畫 1 　【核心基礎篇】

3 大心法，9 項觀念，30 天一定學會的超簡單繪畫法 （十週年新編典藏版）

You Can Draw in 30 Days: The Fun, Easy Way to Learn to Draw in One Month or Less

作　　　　者	馬克‧奇斯勒 Mark Kistler
譯　　　　者	連緯晏

副　社　長	陳瀅如
總　編　輯	戴偉傑
主　　　編	李佩璇
責　任　編　輯	涂東寧
特　約　編　輯	高慧倩
行　銷　企　劃	陳雅雯
封　面　設　計	萬亞雰
內　頁　排　版	簡至成
出　　　　版	木馬文化事業股份有限公司
發　　　　行	遠足文化事業股份有限公司（讀書共和國出版集團）
地　　　　址	231 新北市新店區民權路 108-3 號 8 樓
電　　　　話	(02)2218-1417
傳　　　　真	(02)2218-0727
E　m　a　i　l	service@bookrep.com.tw
郵　撥　帳　號	19588272 木馬文化事業股份有限公司
客　服　專　線	0800-221-029
法　律　顧　問	華洋法律事務所　蘇文生律師
印　　　　刷	呈靖彩藝有限公司

三　　　　版	2023 年 5 月
三　版　2　刷	2024 年 6 月
定　　　　價	380 元

ISBN 9786263144156

歡迎團體訂購，另有優惠，洽：業務部 (02)2218-1417 分機 1124

特別聲明：有關本書中的言論內容，不代表本公司/出版集團之立場與意見，文責由作者自行承擔

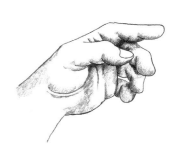

國家圖書館出版品預行編目 (CIP) 資料

一枝鉛筆就能畫 1. 核心基礎篇：3 大心法,9 項觀念,30 天一定學會的超簡單繪畫法 / 馬克.奇斯勒 (Mark Kistler) 作；連緯晏譯. -- 三版. -- 新北市：木馬文化事業股份有限公司出版：遠足文化事業股份有限公司發行, 2023.05
256　面；18.5X23　公分
十週年新編典藏版
譯自：You Can Draw in 30 days：The Fun, Easy Way to Learn to Draw in One Month or Less
ISBN 978-626-314-415-6(平裝)

1.CST: 鉛筆畫 2.CST: 繪畫技法

948.2　　　　　　　　　　　　　　　　　　112004592